1958年
反右祭壇上的青春

入監十二年的平反回憶錄

許文逸——著

謹把此書獻給我的母親

我相信過您，正如我曾相信過上帝一樣。

上帝是一個泥塑的東西，我可以用錘子將它砸碎。您卻用謊言欺騙了我。

——艾·麗·伏尼契：《牛虻》

示儿　步法游《示儿》原韵

未死忘忧报国心　平生
坎坷任西东　何当民主
改日　沧江一杯告乃翁

文远并书

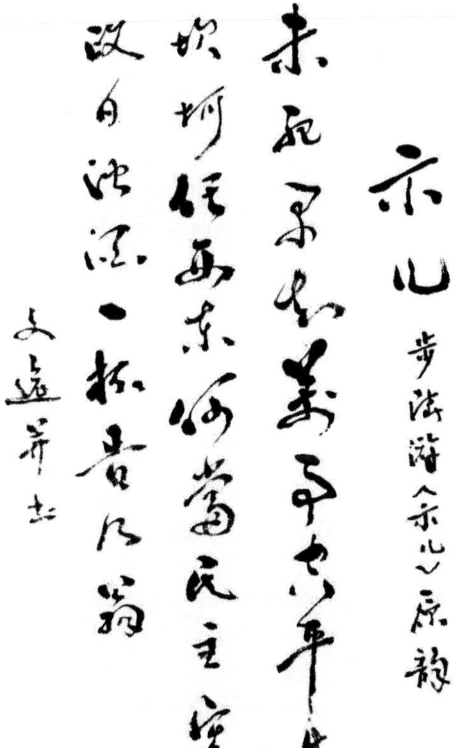

作者手迹

母親攝於20世紀50年代，目光慈祥，充滿期待。

1958年暮秋，作者的神情凝重而淒然。

還在讀初中時，我就是一個共產主義的堅定信徒了。（後排左起第二人為作者。）

照片是兩屆人員的合影，大部分同學的名字都已忘卻。（後排右起第二人是袁天保，第三人是作者。）

劫後餘生，三十年後再聚首。（左起：周大永、許文逸、王清生、蔡寶鵬）一九八八年攝於桂林。

作者心中的夢依然殘存。

目次

前言

一九八六年一個寒冷的冬日早上，我把一張三百元的現金支票遞給銀行櫃檯裡的一個工作人員，他用驚詫的目光看了我好一會，說：「冤獄費，誰冤獄了？挨了幾年？」

我無語，心卻在滴血。

一九七九年我開始了漫長的申訴之路。幾經反復，一九八〇年七月桂林市中院改判為「已構成犯罪，但判刑不當，改判為免予刑事處分」。我依然不服，官司從廣西高院一直打到北京的最高人民法院，今天終於把最後的一點「尾巴」割去了。

這時，整整的二十八年已經過去了。從十八歲到四十六歲，它涵蓋了我全部的青春年華。當廣西高級人民法院向我宣佈宣告無罪，並把那張寫著冤獄費的支票遞給我的時候，我沒有一絲的激動。我只是木納的自語了：「啊啊，三百元，我一生的代價……」

人們常說，人如果老了，有一個重要的特點：昨天或者剛剛發生的事往往會忘得乾乾淨淨，而那遙遠的往事卻是異常的清晰。我現在就是這樣了。我想，我確實是老了。

我這一生，歷經了中國歷史上一個大動盪的時代，見證了許多事件的發生與過程。現在的年輕人不理解那段歷史，甚至不相信那些曾經的荒唐的事情。早在上世紀八十年代初，我就萌生了要把我的經歷寫出來的衝動。開始，是想寫一部小說。動筆之後，才發現難度之大已遠遠超出我的能力。

小說既沒有能力寫，就萌生了寫回憶錄的念頭。然而，按照俗成與傳統的觀念，回憶錄又豈是我這樣的布衣平民能寫的？那時，我也確實是太忙，一面要謀生，維持一家大小的生計，一面還要起早貪黑地讀書。光陰迅速，事情一擱，轉眼又是三十年過去了。於今我已是垂垂暮年，心中總不甘心讓我那段刻骨的歷史隨我一同走入墳墓。於是，我為自己羅織了一個這樣的理由：大人物（或名人）們的歷史就猶如那參天的大樹，壯美，充實，偉岸，閃耀著令人眼花撩亂的光彩。我這樣的一介草民的歷史就權當那樹下不起眼的野草，雜亂，平庸，猥瑣，絲毫沒有迷人入勝的風光。野草，根不深，葉不美，然而它也是生命。上帝既創造了它，天地又是何其的遼闊與紛繁，其間也總該有它的一片棲息之地吧。

現在我是以完全真實的筆觸來記述，既不需要煞費苦心地去構思和刻畫人物的性格，也不需要傷透腦筋去構築情節的展開與矛盾的衝突，只要把思緒整理一下，文字通順就可以了。值得慶幸的是，三十多年前我搜集和整理的許多素材，今天成了我這本回憶錄非常寶貴的資料。

透過我這樣一個微不足道的小人物的經歷，人們或許能窺視到一些歷史的脈絡。為了公正和不帶偏見，我必須盡力跳出個人的恩怨來客觀的描述。

我在讀初中的時候，就是一個堅定的共產主義的信徒了。高中即將畢業時，儘管我受到學校極其錯誤的批判和處理，我也認為這只是一個個別的事件。以後，在社會這所大學裡，無數鮮活生動的人和事，衝擊著我，我開始以一種審慎的科學的眼光來重新認識和思考這個世界。一個信念漸漸在我的心中萌生，由模糊而越來越明晰與堅定：歷史終將按人民的意志前進。「青山遮不住，畢竟東流去」，我想，這應該是一個普遍的真理。

在洶湧的歷史長河中，我甚至連一個水泡都不是，轉眼就將消逝。下面的文字，人們如果讀後總算是多少的瞭解了一些那遠去的歷史，我就心滿意足了。

在我的開場白結束之時，魯迅先生《野草》中的一段話卻總也揮之不去：

> 天地有如此靜穆，我不能大笑而且歌唱。天地即不如此靜穆，我或者也將不能。我以這一叢野草，在明與暗，生與死，過去與未來之際，獻於友與仇，人與獸，愛者與不愛者之前作證。

我的父親

公元一九四〇年深秋的一個晚上，我從母親的懷裡，很不情願的來到這個世界。那羸弱的哭聲和瘦小的身體，使母親懷疑我是否能養得大，並且擔心這孩子的一生恐怕是多災多難。在我以後有了一點記憶的時候，曾多次聽母親說，我生下來時簡直就只有一個量米筒那麼大。父親似乎也並不怎麼重視這樣一個小生命的到來。因為我已經有四個哥哥和一個姐姐了。母親曾對我說，你父親小氣得要命，我生了你後，就只買了半斤瘦肉給她吃。這也不奇怪，因為這時，父親已經娶了第三房姨太太了。

父親名叫許繼雄，一八八六年生於湖南省零陵縣許家橋村一個貧苦的農民家裡。那是一個極為偏遠貧窮的小山村。當歷史往前行進了一百一十四年後的一九九〇年，為整修父親的墳墓，我回到了我的故鄉。上一次是在一九四四年為躲避戰亂，我是坐在籮筐裡被挑著回來的。那時我四歲。第二年日本投降，母親帶著我們舉家又遷回桂林。

掐指算來，我在故鄉只生活了短暫的一年多，之後就再沒有回來過了。我在坐了兩個小時的火車和一小時的汽車後，登上了一輛由農用車改裝的客車。說是改裝，實際上就是在車廂的兩旁放上兩排凳子。車上擠坐著十幾個當地的農民，還有幾個沒有座位了只好站著，手扶著廂板一晃一晃的搖動。崎嶇的泥路卷起漫天的灰塵。待我半個小時後下車時，我早已是蓬頭垢面了。在泥濘的田基上走了大約兩三哩，一個破敗不堪的小小村莊出現在我的面前。同行的人告訴我，這裡就是我的故鄉，我父親出生的地方。

幾乎清一色的泥磚砌就的房屋，由於常年風雨的侵襲，有些房屋已是歪斜得很嚴重。近半個世紀過去了，村子還沒有通公路，也沒有通電。在父親的年代，生活的艱辛可想而知。村子的旁邊有一條清澈的小溪，小溪上有一座小小的石拱橋。我幼小童年的記憶中那條彎曲的、因年代久遠而磨走得鋥亮的石板小路，依然泛泛的浮著青藍的光。

一個遠房年邁的親戚接待了我們。他告訴我哪間房是我的父母住過的，哪間房我的二哥三哥住過，彷彿這一切都是昨天的事情。看著我的先人們曾經居住過的這些破敗不堪、用泥磚或已經發黑的木板圍就的幾廂低矮的房屋，那斑駁的牆壁和地上的骯髒泥土，我的腦海裡浮現出那些逝去的年華和他們艱難的生活情景。他們不屈服於這困苦的生活，勇敢地從這大山裡走了出去，依靠自己的勤勞節儉、智慧和艱苦的奮鬥，開創了家業。我的父親在一九四五年初就去世了，如果他活到一九四九年，毫無疑問，他一定將被定為大地主。然而，這裡的一切，哪裡有半點我們的電視中那地主老財奢華生活的影子？

我並不認同當年所謂的地主都是罪大惡極之人的論點。他們其實代表著當時農村的中堅力量和進步的生產力。他們頭腦比較靈活而且往往多少受了點教育，識幾個字。他們絕大部分是靠勤奮的勞動和聰明的頭腦發的家。這是社會優勝劣汰、自然選擇的結果。共產黨取得政權後，一九五〇年的「土地改革」運動，殺了兩百多萬地主，搶走了他們一輩子甚至幾輩子辛苦攢積下來的財產，上演了一幕幕罄竹難書、滅絕人寰的血腥慘劇。他們都是壞人嗎？都是「罪大惡極，不殺不足以平民憤」的嗎？今天農村裡的一些「先富起來的人」，他們的財富和雇工的人數比之昔日的地主要多十倍、百倍。如果說那些地主該殺，那又該如何面對今日的這些先富起來的群體？

千秋功罪，我堅信，歷史自有評說。

房屋後面有一個低矮的土嶺，在我兒時的印象中，那彷彿是一座碩大無比的山峰，現在看來卻是小得就像一個土堆了。「土堆」上生長著高大茂密的樹木，童年時我時常跟我哥哥和鄰居的小夥伴們來樹蔭下玩耍，這兒就是我童年的樂園。我們在樹下找一種叫「悉卡子」的野果，用落在地上的乾枝，燃起一堆火來，把果子燒熟了吃。於今我已回憶不出這「悉卡子」的準確形狀，也說不出它的味道是甜還是香，大約總是很不錯的吧。

距村子不遠有一座連綿三四里的大山，山上長滿了樹木，鬱鬱蔥蔥。父親和奶奶的墳墓就在這山的山腰。同行的老村長對我說：「你的父親是個好人，這座山原來並不屬於我們村，多虧了你父親當年把它買下來，現在整個村子燒柴就全靠這座山。」

我說：「我的父親怎麼一下又成了好人了？過去不是說他是地主嗎？」村長說：「我們可從來沒說過你們家是地主。過去有人來調查，我總是說你們是中農的。事實上也是這樣，你父親在解放前五年就已經去世了，家產一分哪裡還算得上是地主呢？」我相信他說的是實話。一九五五年時，三哥在部隊為了入黨的事，家鄉曾寄來一個家庭成份的證明，那時我已初中畢業，我清楚的記得證明上確是寫著：「茲證明許文森同志的家庭出身中農……」我始終也搞不明白，十幾年以後，我幾個哥哥的家庭出身怎麼都成了地主？大哥的家庭出身甚至是地主兼資本家。只有我一個人填寫的還是中農成份，因為我親眼看見過那份證明，所以不管審查我的人或是來外調的怎麼說，我都是一口咬死家庭是中農。否則，我的麻煩將是更大。

父親在家排行老大，下有兩個兄弟。十三歲時，父親身背十餘斤大米，夥同村人從家鄉一路步行跋山涉水來到廣西桂林市。小小年紀，奔波數百里，途中往往食不果腹，夜無蔽所，實在不是一件容易的事。

來到桂林，父親經人介紹進了一家印刷廠做學徒。那時的小學徒簡直就是一個傭人。搞衛生，倒痰盂，又髒又累的活都得幹。至於學手藝，那得看師傅高不高興和自己的機靈了。那時，流傳一句話：「教會徒弟打師傅。」為了自己的飯碗不被搶去，師傅們往往都留了一手。

父親是個極聰明的人，悟性很高，儘管只讀過幾年私塾，但技術學得很不錯。三年學徒，不僅精通了各種印刷技術，還刻得一手好字。學徒期滿又幫師了一年，這些日子都是只管吃飯，沒有工資的。

十七歲時，父親離開了原來的老闆，自立門戶刻字。搞了幾年，感到發展不大，就與人合作，租下一處門面，買了幾台印刷機，搞起了印刷兼刻字。由於經營得法，幾年下來，得到很大的發展。父親便自立門戶，開了間印刷廠，取名許景泰印務局。父親精通印刷技術，管理嚴格，工廠發展很快。父親甚至到上海、廣州先後採購了石印機、圓盤機、四開機、鑄字機等印刷設備，許景泰印務局成了桂林市聞名遐邇的字號。

家業大了，父親依然是異常勤儉。廠裡事無巨細，往往都躬親力行。對產品質量極為重視，信守合同。當時的印刷業競爭十分激烈，官辦的印刷廠不算，抗戰前桂林民間的有二十七家，到一九四三年，大量的文化人遷來桂林，印刷廠達到一百零九家。省、市政府等機關要印的東西都是公開招標，公私工商戶都可以投標。憑著先進的設備和高質量的管理優勢，許景泰印務局常常中標，所以生意十分興隆。有時為了趕時間按時交貨，連兒子都得上陣，也一樣發給計件工資，倘有質量問題，一樣呵斥。

二十世紀初的中國，發了財的人最時髦的事情是什麼呢？買田地，娶姨太太。父親也沒能走出這世俗的圈子。於是風光無限的回到老家買了幾十畝田地，又先後娶回了兩房姨太太。

正當父親事業日益興盛之時，一九三七年七月，日寇發動了全面的侵華戰爭。中華民族的又一場苦難深重的歲月開始了。

一九三七年十月，日本飛機初襲桂林，市民死傷數百人。此後空襲日益頻繁。一九四一年，父親不得不把工廠遷到郊區農村，在戰亂中堅持著經營。一九四四年，日寇逼近桂林。父親遂把所有的機器埋在菜地的地窯裡，帶上家眷，逃回湖南老家鄉下以躲避戰亂。豈料沒等到日本投降，父親便病故於鄉間，終年五十九歲。

父親病重時，知來日不多。便把家產分成了三份。按子女的多少，每個老婆一份。由於人口眾多，攤到每個人身上已沒有多少。城裡的房屋已毀於戰火，埋在地窯裡的機器，光復後幾經找尋，發現已不翼而飛，連雇來看機器的人也不見了。房子沒了，機器沒了，父親去世了，田地也賣光了，一切都完了。許景泰印務局已經徹底的衰敗，退出了歷史的舞臺。

——這一切發生在解放前四到五年，哪裡還能和「資本家」、「地主」扯得上半點的干係？

父親去世時，我只有四歲多，在我的腦海裡父親的印象太朦朧了。我不記得他的音容笑貌，不記得他和我說過了什麼話，也不記得他是否親昵過我。好像他總是在忙著什麼。我讀中學的時候，曾經看見過一張父親的相片。那是一張放大了的七寸的有點泛黃的相片，相片上父親大約是五十歲的樣子，戴一頂當時有錢人時興的禮帽，稍顯削瘦的臉，緊閉的雙唇，一付嚴肅凝重的神情。然而，父親這張唯一留世的相片，後來卻是失蹤了。也許是大哥在文化大革命時燒去了。因為那時大哥的家經常有革命的小將來抄家，不燒去又能藏到何處？到處是一片紅色恐怖，一旦被抄出，那後果將是極其嚴重。

我的母親曾不止一次對我說，我太像父親了，從相貌到走路的姿態。

我卻認為，我們這些後人，沒有一個有父親的能幹與聰慧。一九九〇年清明，我在闊別了四十餘年後第一次回到故鄉時，曾作七律〈一九九〇年清明返湖南老家有感〉：

四十五年還故園，霪雨絲絲路維艱。
兒童喃呢音猶記，桑榆蹣跚夢難全。
溪畔柳綠聞犬豕，霧裡山青話桑田。
忽憶先人創業事，天命只作而立年。

童年

一個冬日的早上，山區刺骨的寒風呼嘯著，猛烈地拍打著透風的房屋的板壁。我和母親坐在火塘前取暖。母親和我又談起對三哥的掛念。

三哥在我們逃難的途中，被日本兵抓去已經好幾個月了。那時，三哥應該是十五歲，因為人長得清秀，在路過一個叫黃沙河的地方時，被日本兵當作花姑娘抓走了。這時，我們已經回到了湖南鄉下。

由於擔心三哥的安危，母親整日以淚洗面。母親也許太過於傷心，自言自語的說：「三三（三哥的小名）不知什麼時候才能回來？」我似乎已經懂得安慰難過的大人了，就信口說道：「媽，別難過，三哥過兩天就會回來的。」誰知過了兩天，三哥真的回來了。母親高興地逢人就說：「老萬（我的乳名——我一直都不明白小小的我為什麼取一個如此奇怪的名字？）說話準得很。」自此之後，好像母親又叫我測算過幾次其他的事。大約不怎麼準了，也不再誇我，我也便沒有什麼印象了。

記得三哥回來時，渾身上下全是密密麻麻的蝨子，怎麼也清理不乾淨，母親就把他的衣服褲子全都燒了，頭髮也剃了去，還給他徹底的洗了一個滾燙的熱水澡。聽說，日本人發現三哥不是花姑娘，就要他做了挑夫。一天，趁日本人不注意，他逃跑了出來，虧了他一路輾轉乞討，居然找了回來。

鄉間的生活極其艱苦。在我的後面，母親又生了一個小弟弟，取名滿荀。父親病故後，母親也大病了一場。我的這位八、九個月大的小弟弟就暫由一個十三、四歲的小姑娘帶著，她是家裡的親戚。在那山鄉寒冷的冬日，地上鋪一些禾草，就算是床鋪了。為了禦寒，往往在距床鋪外一、兩尺的地上用木柴生一堆炭火以取暖。一天半夜，小弟弟醒了，不知道是由於飢餓還是寒冷，他爬過睡在外邊的小姑娘的身軀，爬到了炭火堆裡，也不知有過怎樣痛苦的掙扎與哭叫，居然活活的被燒死。而那位負責照看小孩的小女孩也睡得太沉了，居然是一點也不知道。

過了好些年，每當提起這件事，母親依舊是泣不成聲，淚水盈眶。悔恨當年為什麼要把滿荀交給一個如此粗心不懂事的小女孩照看。母親說：「滿荀還活著的話，現在可以跟著你到處跑來跑去了。」言辭中飽含著愧疚和對這最小的兒子的無盡的懷念。

在那苦難的戰爭年代，無處不是飢餓、疾病與死亡，母親又能有什麼辦法？

而那時，我也病得沒有了人樣，活像一根乾柴，走路都走不動了。文健哥那時六、七歲，肩負著為我的康復籌集營養品的重任，每天到田裡溪邊用手去捕捉一些

「土地螞拐」（小青蛙，大約也就成人的大拇指頭大小）放在稀飯裡煮了給我吃。也許就是年幼的文健哥的辛勞和這些小小的「土地螞拐」，最終把我從死神的手裡奪了回來。

日本投降後，母親變賣了田地，帶著我們兄弟幾個輾轉趕回桂林市。屋漏偏遭連夜雨，就在離桂林只還有五十里的義寧（現稱五通），一天夜晚，一幫土匪進了屋。那時，我已經快五歲了，那個晚上的一些情景我至今還記得。母親聽見狗叫得不對勁，起身從後門跑了，情急中把一小包首飾之類的細軟藏在一個舂米的石臼裡。我呆呆的坐在床上，有一個土匪進到屋來，看見牆上掛有一個布口袋，就取了下來，翻了一下，拿走了一個手電筒。土匪們只對錢財有興趣，對我這樣一個乾柴般瘦小的顯然營養不良的小孩連看都不想看一眼。那時綁架似乎也不太盛行，今天想來，如果當時土匪綁架了我，母親一定會拿僅有的首飾來贖我。那我們家就更慘了。

這次遇匪，我們家沒什麼損失。母親說，同借住在一個院子有一家人，太露富，才招來了土匪。土匪就是衝著那家人來的。那家的主人被土匪綁在了柱子上，土匪用點燃的蠟燭燒他的胸膛。後來，那人拿了些錢出來，土匪才放了他。母親說，這次好險，以後再不敢和這樣的人一起了。

沒有火車，沒有汽車，一家人就這樣翻山越嶺。一年前從桂林逃往湖南時，我太小，是坐在籮筐裡由人挑著，比我稍大一點的文健哥坐另一頭，我輕，我這頭就加一點行李。我還依稀的記得，逃難的人流又髒又亂，肩挑背扛，扶老攜幼，彷彿沒有盡頭。又飢又渴的時候，有時大哥會在路旁的野地裡採來一種野花，嚼在嘴裡，酸酸的好像還有一絲絲的甜。從湖南回桂林，我還是被挑著。文健哥可沒有這麼幸運了。不知為什麼，大哥文鑫帶著他沒和我們一起走。從全州到桂林兩百多里，文健哥被大哥拽著，背一程，哄著走一程，大哥不斷用手指著迷茫的前方，說：「前面就有米粉賣了，加油走啊。」啊啊，這是何等誘人的美食！請原諒大哥這善良而不著邊際的謊言吧。戰火剛熄，除了兵荒馬亂，哪裡有米粉店！用了一星期，總算走回到桂林市。可憐文健哥不過七八歲，把一雙腳走得腫起老大。

劫後餘生的桂林，滿目瘡痍，到處是殘垣斷壁，碎磚亂瓦。整座城市已沒有一座像樣子的房屋。昔日許景泰印務局的房屋也不見了蹤影。萬惡的日本人！改變了中國的歷史，也改變我的一生。

年幼的我親身經歷了戰爭帶來的苦難。那紛亂而擁堵的逃難人流，人們衣衫襤褸，扶老攜幼，手提肩挑，飢寒交迫。還有我那多病而苦難的幼年，這些遙遠的悲慘景況，直到今天我還能依稀記得。以後我讀中學的時候，學了些歷史，我經常會思索：日本人給了中國如此深重的災難，作為戰勝國，中國為什麼不向日本索要戰爭賠償？要知道甲午海戰，中國戰敗後，除了割地，賠付給日本的是上億兩的白銀！中國人啊，你也太好講話了吧！

母親典賣了金銀首飾，在原來的舊址建起了一棟簡易的木結構兩層樓房。底層兩間鋪面出租就成了家庭生活的主要來源。大哥進入了國民黨省政府，做了一名普通的會計職員。一家人的生活總算安定了下來。其他幾個哥哥都在讀書。

我五歲多時，母親也要送我去讀書了。那天母親帶我到我家住的那條街道的一所小學報名。那時讀書似乎沒有嚴格的年齡限制，不過報名入學時有一個簡單的口試，大約老師是要看看這孩子懂得說話的程度。母親拉著我的手，一面走，一面告訴我家裡有幾口人，住在哪條街之類，母親聽見我回答得挺流利，很高興的說：「報上了名，我帶你去吃糊辣。（一種小吃）」

老師開始的幾個問題我都答得又快又對，等問到家住在哪條街時，天可憐見，不知怎的我竟說到一條莫名其妙的街道去了。連住在哪兒都搞不清楚，也還可能當時我又瘦又小，還不太成人樣，老師沒有錄取我。一出學校大門，母親用手在我的腦袋上不輕不重的打了一板，說：「平時什麼都能說，上不了正場的沒用的東西！」糊辣自然也沒有享用的資格了。

母親這句一時的氣話想不到竟成了我一生的讖言。在我人生好些關鍵的時刻，我總是不能掌握自己的命運，遭到狠狠的捉弄。命運註定了我是上不了正場，永遠只能是一個悲劇的角色。

我們這個古老的民族有許多莫名其妙的俗語，有的荒唐得很，有的卻也無比正確。有句俗語叫「三歲看老」，那麼，五歲毫無疑問就能看到死的那一天了。這用在我的身上，真是無比正確的至理名言。現在，我生命之路已將至終點，依舊是一事無成，充分證明了這句話所表述的前瞻性是何其了不起。

連小學都考不取，何能奢談考大學？所以十幾年以後，那位「瞇著一雙和善的細細的眼睛」的校長大人，就不容分說堅決地取消了我考大學的資格，不可謂不是極其英明的決定。——這些後話，有點傷心，以後會有仔細的交代。

不記得是哪位哲人說過：當一扇門關上時，一扇窗卻為你打開了。大哥不知道通過什麼關係，開了個後門，（可見中國人開後門歷史的久遠。）也沒有哪個老師再來問我住在哪條街，我就進了另一所小學。這還是當時桂林市最好的小學，叫桂林市實驗小學，而且，一進去就插班讀第二冊。只是這學校離家裡很遠，要走過好幾條街道。

我就這樣的稀里糊塗的開始了我的讀書生涯。當我跟著其他的同學搖晃著腦袋大聲的朗讀著：「蠶眠了，蠶眠了」的時候，我是班上身體最瘦小的一個，腦袋裡也沒有幾毫升的腦髓。上課時迷迷糊糊，老師說些什麼從不打算去聽。我不知道我是怎麼磕磕絆絆的勉強跟上學業的，居然沒有留級，也沒有補考過。

到九歲那年，我已經是小學四年級了。那天依然是漫不經心的邊走邊玩到學校，街道上似乎特別的冷清，到了學校，一個老師同學都沒見。我感到奇怪。後來我聽見遠處隱隱的隆隆炮聲。

共產黨的軍隊進城了。下午我家對面的空地上坐著好些軍人。他們都打著綁腿，背包放在身旁，步槍卻用手摟著。長途的行軍，似乎很疲倦了，他們不怎麼說話，很有紀律的坐著。母親叫我拿了一個茶壺給他們倒茶，他們都極有禮貌的謝絕了。這樣一支紀律嚴明的軍隊，確實是贏得了民心。整整半個世紀後的一九九九年，我在近郊辦了一家小工廠。附近部隊的一夥兵們，一次找了一個藉口想敲我一點錢去搓一餐：他們在架設通訊線路時，把光纜線隨意丟在了通往我的工廠的一條必經的路上，為我運貨的一輛機動三輪車從光纜線上開了過去。這夥兵攔住了車，說壓壞了光纜，並扣上一頂破壞國防通訊的大帽子，接著開始索要一千元賠償。我和他們大吵了起來，我說：「你們在這兒架線，剛才你們不是說這光纜非常的貴重和嬌氣嗎？那你們把它隨意丟在公共行駛的道路上，為什麼不設警戒？請注意，這條路是公共行駛的。你們的目的就是想故意造成損壞，然後索要賠償。你們就是破壞國防通訊的罪魁禍首。想在我這兒敲錢？——沒門！」我漲紅了臉大聲地吼叫著說：「當年打江山的時候，如果軍隊是像你們這樣，得天下只能是一種夢想。」我還聲言要把他們告到廣州軍區去。這些兵們終於不敢再出聲。其實，光纜根本就沒有壓壞，——這些又是後話了。

生活是很清苦，然而，童年卻是無憂無慮的。

我生活的這個小城，素有「山水甲天下」之美譽。在我童年的印記中，是那樣的寧靜、安詳與美麗。整個城市就一條縱貫南北的主幹道，大約有六七里長，從城市的東面用不了二十分鐘就步行到了西面的盡頭。蜿蜒曲折的灕江從城市的中心穿過，江水是如此的清澈透明，可以清晰地看見水底那光潔圓潤的鵝卵石。水面上沒有浮渣，也沒有今天那滿江的從岸邊的餐館裡排放出來的泡沫。明淨的江水緩緩地靜靜地向東南流去，兩岸是茂密蒼翠的竹林和稀零的低矮茅舍。藍天下輕飄的雲彩和一座座踞守在江邊的雄奇挺立拔地而起的石山，在水面上留下了奇幻的倒影。一千多年前唐代詩人韓愈的「水作青蘿帶，山如碧玉簪」早為這裡的山水作了最生動的描述。波光粼粼的江面上，漁夫划著一葉竹排，竹排上站立著幾隻虎視眈眈的魚鷹。突然，「嗖」的一聲，一隻魚鷹箭一般地直插水底，不一會只見魚鷹嘴裡叼著一尾斤多重的魚兒衝出水面，漁夫趕緊用竹篙給魚鷹站停帶到竹排上，把魚從魚鷹嘴裡取出。——這樣的景象，今天是只有在特意安排的、為遊客表演的場合才會出現了。

站在橋上，可以看見河水裡一群一群游動的魚。游泳時還經常有小魚來試著撞一下自己的大腿，酥癢酥癢的。今天，人類的貪婪與肆無忌憚正在遭到大自然無情的報復——由於瘋狂的濫捕和電殺，江水裡已經沒有多少浮游的生命了。唯有江中的水草，由於水的富營養化而日益的茂盛起來。這些瘋狂生長的上米長的水草往往會成為游泳者的致命殺手，幾年前，有一次我差點就栽倒在這些陰森可怕的水草中了。

夏天，放學後幾個小夥伴偷偷的到灕江游泳。有時，口渴了，就潛到水底喝一口水，江水是那樣的清涼而甘甜。冬天，池塘裡結著薄薄的一層冰，學校旁的水塔四周全是一柱一柱的冰凌。孩子們往往會敲下一節冰凌，當冰棒一樣的啃著。

這美麗的如詩如畫的山水，這群山懷抱的青蒼娟秀的小城，這小城裡幽靜的石板小街，還有那從田野上吹來的清新而濕潤的空氣，哺育著我天真爛漫無憂無慮的童年。

晚上，在馬路邊乘涼，街道上冷清得很，安靜得很，完全沒有白日的車來車往和人聲喧囂。那時還沒有鋪柏油的馬路，許多街道是用石板鋪就的。位於市區的王城，曾是明代靖江的藩王府。王府內有號稱「南天一柱」的獨秀峰，挺拔雄奇。王府的四周是高大的城牆，城牆內的道路，全是巨大的一米多見方以上的大青石鋪成。石板的表面，已被行人走得非常光亮。在上世紀五、六十年代，這些石板都被撬走了，代之的是鋪上了一層柏油。那時的人們還沒有旅遊的概念，也沒有保護先人遺跡的意識，現在看來這是做了一件多麼煞風景的蠢事。於今的王城，早已是旅遊的勝地。每天都有搖著小旗的導遊帶著一隊一隊的遊客在裡面遊蕩，向他們講述著那逝去的歷史。而這些由歷史造就的古色古香的大青石板的消失，由於它的不可複製，已成為了永遠的遺憾。

共產黨建國之初，在北京大肆的拆除古城樓，當時有名的古建築學家梁思成、林徽因夫婦曾四處奔走，大聲疾呼無論如何也不能拆，並上書周總理，但沒有人理睬他們。梁思成氣得幾乎吐血，他斷言：「你們將來要為今日的行為後悔，將來你們必有重建城樓的一天，然而，歷史卻是不能複製的。你們今天毀掉的是真正的古董，而將來重建的卻是假古董了。」這一切，都被他不幸而言中了。——早幾年，北京一個我不記得叫什麼「門」的城樓，不是在千辛萬苦的重建了嗎？

在一個長官意志決定一切的國家，民意有多大的作用呢？

孩子們圍坐在馬路旁聽大人講《七俠五義》之類的故事。有時講到要緊的地方，不安好心的大人會停了下來，說沒有精神了，要吃點五香豆才行。這時幾個孩子就想盡法子湊兩個銅板，買來五香豆，讓故事繼續講下去。

有時十來個小夥伴們會玩起「官兵捉賊」的遊戲，一夥扮演官兵的去四處搜尋那些扮演賊的。大家似乎都不怎麼喜歡做官，老是想做賊。做賊可以到處躲藏，既主動又自由。在夜色的保護下，有時這些官爺們呆頭呆腦地從小賊們的身旁擦過去，卻沒有看到。小賊們是既緊張又暗暗的偷笑，快活得很。當官的卻要疲於奔命，到處去尋找這些小賊。我想，如果今天的孩子來做這個遊戲，十有八九是想做當官的，官爺們的威風與優越早已深刻在他們童年的腦海。

放學後的孩子就這樣的瘋玩，基本上沒有什麼家庭作業。比起今天的孩子，雖然生活是苦，物質上是極度的貧乏，但他們不會被父母逼著剛從「奧數」的教室拖著疲憊的身子出來，又要強打起精神去趕鋼琴的課堂，簡直不知道什麼叫遊戲和玩耍。假定有一個機會，上天能夠顧眷於我，讓我的童年重來，並給我選擇，我情願仍舊過那清苦但是快樂的童年。

煩惱的事也有的。隔壁班有一個傢伙，見我體弱，就經常在放學的路途中，問我索要一個銅板。不給，就用拳頭威脅我。幾次之後，我告訴了文健哥。文健哥說，看我來收拾他。文健哥比我大三歲，身體也遠比我壯實。有一天這傢伙又在路上攔住了我，文健哥從後面衝了過來將他一把抓住，這小子不停的求饒。從此，這傢伙見了我就遠遠的躲開了。

進入高小以後，我的學習成績開始慢慢的好了起來。教《自然》課的是一個姓王的老師，瘦瘦高高，講課的嗓門特別大。他的課講得生動而風趣。六十多年前，人類對火星的瞭解是極其膚淺的。王老師繪聲繪色地講述著火星上那縱橫交錯的陰影，說那很有可能就是一條條的運河，而運河的開拓者就是居住在火星上的居民——他們是具有高度文明的智慧生物。有一天晚上，他還帶我們到離學校不遠的一個博物館，用一台架立在地面的望遠鏡觀看天上的星星。

這位《自然》課的老師，使我對天文產生了濃厚的興趣，以至很長一段時間我都把從事天文學作為了我一生的理想。有時，我會呆呆地仰望著浩渺無際的星空，想像著天外的神奇。

在我家住那條街道，有一家「商務印書館」開的書店。我常常會進去站在寬大的書桌旁，翻看那些五光十色的圖書。那時，我大約是八九歲吧，有時，一看就是半天。在我童年的記憶中，有兩本書給我留下了很深刻的印象。一本是圖文並茂的兒童讀物《發明之王愛迪生》，一本是連環畫《武訓傳》。

啊啊，那是多麼遙遠的童年，我的混沌初開單純如水的童年。我稚嫩的頭腦對愛迪生充滿了仰慕，他發明了電燈、留聲機、電影……他一生有一千多項發明，徹底地改變了我們的生活。他幾乎沒有上過學，他的好奇心、勤奮、天才和不知疲倦的探索，成就了他輝煌的一生。我想，大約這是最早的喚起我對科學的興趣的啟蒙讀物了。我如飢似渴的站在書櫃前閱讀，直到書店打烊關門。而那本畫冊《武訓傳》，其中有一頁畫著武訓為了乞討，手倒提著一條蛇要把它生吞下去。我就在想：這條蛇在肚子裡難道不會咬他嗎？這是真的嗎？這個疑問老是伴隨著我，直到十幾年後的一天，我終於有幸親眼目睹了這樣的一幕，才真正的相信這一切是完全可能的。武訓是那樣的窮困，卻堅持著終生靠乞討辦義學，就是為了窮人家的孩子能夠讀書，識字。對於他這種崇高的博愛與「仁者愛人」的辦學精神及其對後世的影響，我並沒有什麼太深刻的理解。但武訓的吃苦耐勞與堅韌不拔卻深深地感動了我。我沒有想到的是，幾年以後，在我上初中時，當時的報紙卻告訴我武訓是一個大壞蛋，是一個「大流氓，大債主，大地主」「向反動的封建統治者竭盡奴顏卑膝的能事」。毫無疑問，當年幼小的我，除了感到一絲的困惑，並不理解這一切，更不知道，這是共產黨取得政權後的第一次文化圍剿。

由於經常出入書店，店裡的夥計也都和我面熟了，有時會微笑著和我打個招呼。然而，我的口袋裡永遠也沒有一個銅板，想要買書，簡直是天大的奢望。有一次，一本小書深深的吸引著我，達到所謂愛不釋手的地步，我突然想到我應該偷到它。於是，趁人不注意，我把這本書偷偷塞在了我的內衣與肚皮之間。這時，書店的夥計突然把頭轉了過來，並且似乎是認真的看了我一眼。我趕緊從書店走了出來，回到家裡，把書從懷裡拿出，心卻一直在撲撲的猛跳。我疑心書店的夥計一定看到了我偷書，但這本二三十頁的小書實在值不了幾個錢，大約這個夥計心地實在太善良，就裝作什麼也沒有發生了。這次偷書事件後，過了一個多月，我才鼓起勇氣怯生生的再一次走進這家書店。那位店夥計卻連看也不看我一眼，我無法確定他是否曾看見了我的偷書，也許，我是太緊張了。但我總是疑心，總感覺他的表情有些奇怪。然而，我深深的自責了。從此以後，我是改邪歸正，再也不敢做這樣不能見人的事了。

我每天去學校的途中都要經過桂林市圖書館的門前。有一天下午我路過時，看見在兒童圖書館門前的草坪上，圖書館的老師正在向一大群小朋友講著什麼。湊近了我才知道是正準備進行一場知識答題比賽。我也好奇的上前領了一張試卷。沒有桌子，也沒有板凳，小傢伙們便在草坪上或坐或趴的用書包墊著，開始了答題。什麼題目我沒有一點印象了，大抵是一些很簡單的常識性的自然科學之類的問題。

幾天之後，我把這件事早就忘得乾乾淨淨了。我路過兒童圖書館時，看見門口貼了一張告示，是知識比賽獲獎者的名單。不經意的看了一眼，我很詫異地看見我居然是第一名。獎品是一本薄薄的書，是介紹俄羅斯的火箭與航天之父齊奧爾科夫斯基的科普讀物。今天想來，我能獲獎，也許是因為不經意間大量的課外閱讀豐富了我的知識的緣故。

轉眼我就小學畢業了。這時，大約我的腦袋裡已經多了些腦髓。我以優異的成績考取了桂林市最好的中校：桂林中學。文健哥也正在這學校。我的二哥，三哥解放前也都曾在這個學校學習過。

這裡，我要說一說我的二哥許文玉。我認為，他是我們兄弟五人中最聰明、學習成績最優秀的。我在讀小學的時候，曾看見過他中學時的作業本。這是我一生見過的最完美的作業本：字寫得類似仿宋體，刀刻般的工整，沒有一絲的塗改，彷彿是印刷上去的。老師的打分全部是A。我也曾在他留在家裡的一本校友通訊中，讀過他的一篇散文《桂林——可愛的山城》，其文筆的清麗，抒情的感人，給我留下了深刻的印象。聽我母親說，他曾同時被廣西大學和廣州中山大學錄取，而且，聽母親說他是以第一名的成績被廣西大學錄取的。考慮到家庭的經濟負擔問題，他選擇了當時就設在桂林的廣西大學化學系。我還看見過他在大學時手抄的一個歌本，也是極其工整，一絲不苟，不仔細看，還以為是印刷品。歌本裡抄有《解放區的天》、《團結就是力量》等共產黨的歌曲。可見他在讀書時就是一個充滿革命理想和對共產主義滿懷激情的熱血青年，從這裡也可以看出共產黨的地下工作進行得是多麼的成功與深入。「讓一切不民主的制度滅亡，向著太陽，向著自由，向著新中國……」在奪取政權的時候，這些歌曲描述著何等令人激動的未來，鼓動著當時的青年人奮不顧身地為追求真理，投向共產主義的洪流。

共產黨的喉舌《新華日報》在一九四四年四月十九日曾撰文道：

……可見民主和言論自由，實在是分不開的。我們應當把民主國先進的好例，作為我們實現民主的榜樣。

毛澤東，中國共產黨的最高政治家，曾經這樣表示出中國人民的希望：「我們並不需要、亦不實行無產階級專政。我們並不主張集體化，也不反對個人的活動——事實上，我們鼓勵競爭和私人企業。在互惠的條件下，我們允許並歡迎外國對我們的地區作工商業的投資……我們相信著，並且實行著民主政治。」他說得很對。

一九四五年十二月二十三日，周恩來當面對馬歇爾（時任美國調停共產黨和國民黨關係特使）說：「中共希望中國的民主不是植基於類似日本天皇之下的假民主，而是美國式的民主。」

以周恩來的謹慎與穩重，此話必然是得到毛澤東認可的。

歷史已經證明，這些話全部都是徹頭徹尾的謊言，是為了奪天下而採取的策略。深植於中國數千年文化的「成王敗寇」，折射出一種社會心理：只要能獲得成功，可以採取一切手段，哪怕這手段是極其的卑鄙。社會上曾一度頗為流行的「厚黑學」，就宣揚無論當官，還是做生意，都要「臉皮厚，心腸黑」，才能成為英雄豪傑，所謂「無毒不丈夫」，只要能成功，其它一切都無關緊要。這種文化，對社會的道德和倫理的毒害是巨大的，它折射出中華民族的處事之道和黑暗自私的心理。毛澤東就是這方面的高手。

若干年以後，當政權已經到手，有哪一句兌現了？民主與自由的口號，銷聲匿跡了，相當長的一段時間裡，甚至成了資本主義的專利。

一九四九年十一月桂林解放，二哥毅然中斷了學業，參了軍。此時他已是大學三年級學生，還有一年就將大學畢業。他還勸說三哥文森也一道參了軍。

在部隊裡，二哥一直做文化教員，曾一度到北京總政治部參與部隊教材的編寫。一九五四年二哥因獨創了一種新的教學方法取得很好的效果，被評為中南區模範共青團員。事蹟登在了當時的《長江日報》第一版的頭條。報喜的隊伍在我家的門口，敲鑼打鼓的很熱鬧了一陣。

到一九六二年他已是正營級的軍官。往後的日子，國內的政治氣氛日益緊張，「千萬不要忘記階級鬥爭」的口號越喊越響。不知從什麼時候起，二哥的家庭出身成了「地主」，倒黴的日子便接踵而至，以後就再沒有了他晉升的機會。我不知道，我的「反革命」問題的出現，給我的幾個哥哥帶來了怎樣的災難，但毫無疑問，影響是巨大的。聽說，文健哥大學畢業時，原是要分配到一個重要的國防單位工作的，是由於我的問題而告吹。文化大革命中二哥全家被發配到「五七」幹校勞動，一九七一年復員回到桂林，安排到一家工廠當工人，待遇是三級工，每月工資四十二元。他被轉回的人事檔案恰好落到我的一個在勞動部門任職的堂兄手中，後來這位堂兄對二哥說，檔案上寫著：此人有嚴重的政治問題，不得重用。

二哥在部隊的軍校裡後來一直擔任政治教員。長期的政治薰陶，使所有認識他的人都認為他是一個處處都「政治掛帥」、「高度原則」，甚至有點「六親不認」的人。對於我這樣的一個不合時宜的老弟，更是處處劃清界限，保持著高度的階級鬥爭警惕性。

他從學生時代即真心的追求共產主義，毅然放棄學業，投筆從戎。在部隊的文化教育實踐中，做出過卓著的貢獻。這樣一個絕對講政治的人，到頭來竟是「有嚴重的政治問題，不得重用」。如此的結局，不能不令人心寒齒冷。

「四人幫」倒臺後，二哥慢慢的開始擔任一些微不足道的領導職務，經過調查，二哥的家庭出身又恢復成了「中農」。此時的他快到退休年齡，而隨著國內政治氣候的變化，中農或地主的出身此時對他已無關緊要了。從我與他在晚年的交往中，看得出他對一切也頗有了心灰意冷的感慨。有時，他一個人默默的坐著發呆，什麼也不說。他對於政治與事態的理解和洞察應該比我更深刻、更成熟。他的苦悶與失落卻是顯而易見的。當年他的一位要好的大學同學，早已是國內一所知名大學的校長了。我想，當初二哥如果再花一年完成他的大學學業，憑他的才智，他也早就是一名卓有成就的教授級專家了。不去從事普世皆適的科學研究，偏要投身於兇險的政治漩渦。到頭來，在歷次的政治運動中，儘管沒有被「打倒在地，再踏上一隻腳」，卻也是晚景淒涼。回首往事，對於那一段投筆從戎的選擇，在內心深處，不知二哥是否曾經有過一絲淡淡的懊悔？

少年時代

桂林中學，這是一座有著悠久歷史的學校。它的前身可以追溯到成立於一九〇五年的「桂林府中學堂」。在這個學校裡曾有過一大批民國時期留下來的學者型優秀教師，他們個個學識淵博師德高尚。看一個學校歸根到底就是看它的師資，正是這些精英教師撐起了它的輝煌。如語文教師石孟涵、黃芬、音樂教師滿謙子、美術教師龍廷霸、生物教師王君寬、數學教師秦宗漢、化學教師王世敏等等。

黃芬老師是我國有名的語言學家呂淑湘先生的弟子。我曾有幸受教於黃老師一年多的語文。當時黃老師年紀約五十歲，下巴上留有一小撮鬍子。上課時說到某一處語法時，常常會拖長了嗓音脫口而出：「呂淑湘先生說……」又經常愛用學校對面的一家米粉鋪來說事：「比如，今天你打算到董記米粉鋪去……」我想，黃老師一定是每天都到這家米粉鋪去吃早餐吧。黃芬老師對漢語語法的分析與講解非常深刻、精闢而易懂，他的課為我對漢語語法的理解打下了堅實的基礎。

上作文課，黃老師要求學生一定要用毛筆豎行書寫。經常說：「作為一個中國人，不會用毛筆怎麼行？」

初中三年級的上學期期中語文考試，是市教育局統一命題。一天，黃芬老師把我叫到他的辦公室，拿出一大疊試卷，我一眼就看到最上面的一張就是我的。黃老師對我說：「這次考試，你得了八十六分（滿分一百），有些題目是有些難度。據我瞭解，你的成績在我校是第一。你不能有絲毫的驕傲，古人云：學而後知不足。你還要加強語文基礎知識的學習，多閱讀古今優秀的文學作品。」黃老師真像一個慈愛的父親，語重心長。他並不過分看重考試的成績，也一點也不打算把學生的好成績與自己聯繫起來。這種高尚的師德，是今天的許多教師不可企比的。

龍廷霸老師教我們的圖畫。他個子不高，鼻子的最高點總是紅通通的。他是當時廣西頗有名氣的畫家，他的作品經常在各種展覽會上展出。美術是我初中時最差的一門功課。上素描課畫蘋果，我畫來畫去總是畫不像，龍老師走過來，拿過我手中的鉛筆，聲音非常輕細和藹地說：「你看，你畫成一個梨子了。應該這樣……」說著用鉛筆在我的畫稿上三塗兩畫，一個光鮮的蘋果就神奇般的出現了。老師是極為優秀，但這方面，我是真正的「朽木不可雕也」。我在審美和視覺觀察上終身都是愚蠢得一塌糊塗。以至中年以後，我經常出差到上海北京等大城市，從來都不敢幫妻子買一件衣服，因為我根本就搞不清楚那些花花綠綠的顏色或者圖案，到底是美還是不美。在形象思維方面，我是愚蠢的。也許，我比較的適合邏輯與數理的思維與推理。

教我生物的老師叫王君寬。他已經是教了大半輩子的生物課了，在我二哥保存的解放前的學校通訊上，就有王君寬的大名。王老師上課時，十有八九是不帶教案，也不帶書本的。他空著手走上講臺，很客氣地問同學們：「上一堂是講到哪裡了？」待得到同學們異口同聲的回答後，從口袋裡掏出一隻粉筆，轉身在黑板上寫下比如「爬行動物」幾個大字，於是開始了娓娓的講述。同樣的內容也許他已經重複過幾十次了，早已是爛熟於心。王老師講課從不照著書本宣科，而是海闊天空，揮灑自如，生動有趣，同學們聽得全神貫注，津津有味。要做到這一點，沒有幾十年的講壇實踐，沒有極廣博而深厚的知識，是絕對不可能的。有時講著講著他會不自禁地把題扯得天遠。有一次，他說到一些動物的趣聞，下課鈴聲響了很久了，他也渾然不知，同學們聽得興趣盎然，也不願他停下來，直到下一堂課的老師來了，王老師才有點戀戀不捨的停了下來。同學們往往就在這種輕鬆而有趣的氛圍裡不知不覺的增長了知識。在現在一切為了分數，一切為了考試的學校裡，這樣的老師怕是不適用了，也很難找到了。

在我上初中三年級的時候，班上來了一個教物理的年輕教師，大學剛畢業不久，也就二十出頭的年紀，名叫杜傑華。杜老師清秀而白皙面龐上，戴著一付金邊的近視眼鏡，講課時會常常習慣性的用手指在鼻樑上推一下眼鏡。冬天的時候，他經常穿一件深色筆挺的呢大衣，圍一條細花格的圍巾。他走上講臺，推了一下眼鏡，表情活潑地掃視一眼端坐著的同學，第一句話總是：「今天的節目是……」接著用工整的板書在黑板上寫下當堂課要講的章節的標題。夏天的時候，課上久了，有同學表現出了困乏，他會停下來，突然提高了嗓門：「我現在和同學們講一個小故事……」他會生動的講一些他學生時代的趣聞之類。兩分鐘後小故事講完了，同學們的困意退去了，他面帶幾分頑皮而詭秘的微笑說：「下面，我們的正式節目繼續進行。」

我記得杜老師教我們初級低壓電路時，手把手地教我們實際操作，怎樣接線，怎樣並聯和串聯，怎樣在電路裡接上開關和燈泡，怎樣注意用電安全等等。這些實用的知識，直到現在，我還在受用著。講到「歐姆定律」時，他說，對這個定律的熟悉程度要達到半夜你在熟睡中被突然叫醒，問你的第一句話是，請說出歐姆定律的內容？你要能毫不遲疑回答出：「電流與電壓成正比，與電阻成反比。」

杜老師不僅風趣，上課頗得同學的歡迎，還多才多藝。他能拉一手很動聽的小提琴。在班上舉行的元旦晚會上，他為我們演奏冼星海的《黃水謠》，給我留下了很深的印象。

不幸的是，這樣一個充滿朝氣才華畢露年輕有為的老師，在一九五七年的「反右」中被打成了右派。我不知道他發表了什麼反黨的言論，也不知道他是否曾書寫了怎樣的反社會主義的大字報，只知道他可能還不是太「罪大惡極」，沒有被送去勞動教養，仍在學校「戴罪改造」了一段時間。但後來隨著政治空氣的日益緊張，他還是被開除，流落到了社會的底層。上世紀七十年代初，我到我的同學蔡寶鵬家裡，曾兩次遇到過杜老師。幾年不見，他過早的衰老了，常年的露天勞動，皮膚被曬得黝黑，臉龐消瘦，額頭上刻著兩道深深的皺紋，兩鬢也已經開始花白。算起來，此時的他大約也應該是只有四十多歲吧。他這時的職業是挖土方和拉板車。很難想像，當年他那樣一個文質彬彬、風趣幽默的一介書生，居然也能從事這樣極端的重體力勞動。他還記得起我，也還能回憶出學生時代我的樣子，講得有模有樣，只是已沒有了當年的神采與風趣。透過眼鏡的鏡片，從他的眼中，我看到的只有無盡的淒涼與滄桑。此時，他和我，還有蔡寶鵬，是貨真價實的「天涯淪落人」，惺惺相惜。感慨之餘，在那「禍從口出」「隔牆有耳」的恐怖年代，我們就唯有直奔主題——下起了象棋——這就是杜老師常常到蔡寶鵬家的真正目的。

一九七九年，杜傑華老師獲平反改正，調入桂林教師進修學院任教。後來得副教授職稱，兩年後，這樣一個優秀的，本應能大展才華的老師不幸逝世，年僅五十出頭。他的一生就這樣被葬送了。他的音容笑貌卻永遠地留在了我的心中。

一九五七、五八年，愈演愈烈的政治運動，使不少優秀的老師因為各種各樣的問題銷聲匿跡。五八年春天，就在學生中搞「反歪風邪氣」運動的時候，時時有吉普車開進學校，把一些老師抓走，聽說是送到廣西來賓農場勞動教養去了。當時我正處在運動的風口浪尖，自顧不暇，所以實在是回憶不起那些教師的名字。桂林中學也從此由輝煌走向了它的失落，直到八十年代以後，教育當局集中起又一批的骨幹教師調入該校，桂林中學才又慢慢的恢復起它的聲望。

以上是我中學生活回憶的教師篇。由於資料的缺失和年代的久遠，只寫了印象和記憶最深刻的幾位教師。我深深的懷戀他們。

初中二年級以後，我開始注重體格的鍛煉。我和班上年齡相近的同學組成了一個鍛煉小組，利用課餘時間進行認真的鍛煉。打籃球，跑步，體操，什麼都搞。我的身體也一天天的好起來，臉色紅潤多了。手臂上，胸背上開始有了些肌肉。

生活依然是清苦，二哥三哥在部隊裡是供給制，沒有工資的。大哥已經有幾個孩子，自顧不暇了。我與四哥文健和母親靠著微薄的房租相依為命。幾乎常年都是赤著足，只有在最寒冷的冬天才捨得穿上鞋子。記得夏天到灕江游泳，走過灕江大橋時，橋面鋪的柏油被曬得滾燙，我們便一蹦一跳的跑過去。每天的早餐是學校食堂的每人兩分錢一盅的稀飯，上面浮著幾點碧綠的蔥花，既沒有油更沒有肉。往往兩節課後肚子就餓得咕咕叫了。在我和同學的一張集體照中，我的衣服的肩膀上分明一個巴掌大的補丁。幾乎所有的人都是一樣的窮，大家都不在乎，絕沒有現在學生中盛行的攀比。只盼著讀好書，快快長大。

想打籃球，但沒有球，我們便在教室旁邊的樹幹上安了一個小籃框，用一個直徑約十釐米的小皮球來當籃球。打一段時間後，居然大家都能玩得有模有樣，運球上籃熟練得甚至有些出神入化。

那年暑假，我把中國的古典名著《三國演義》、《水滸》、《西遊記》之類看了個遍。經常捧著一本小說一看就是一整天。二哥文玉在部隊裡寄來了《卓婭和舒拉的故事》、《牛虻》等鼓動革命的書籍。當我看到卓婭站在德國人的絞刑架下，堅強不屈的高呼口號時，我的眼眶裡噙滿了淚水。

那時，我寫了一篇散文《夢》。文章敘說我被敵人五花大綁，在通往刑場的路上走著。這是一個沒有月亮的漆黑夜晚，高而深遠的天空閃動著幾顆小星。沿途一片荒涼，沒有樹木，沒有花草，只有猙獰的亂石。我的心是異常的鎮定，為了革命事業犧牲，我感到一種崇高的榮譽感。路途是如此的漫長，走啊，走啊，彷彿沒有盡頭。突然，一陣電閃雷鳴，我從一個高山上滾落了下去——我從夢中驚醒了。我想，如果有那樣的一天，我會的，為了祖國，為了人民，我也會像卓婭一樣的英勇不屈，毫不猶豫地獻出我的生命。

儘管我經常是赤著雙腳，北風呼嘯的冬日，也沒有一件像樣的足以禦寒的衣衫，有時甚至還饑腸轆轆，但我受的教育告訴我，我是「長在紅旗下，幸福的一代」。這世界上還有許許多多勞苦的人民在遭受著壓迫和剝削，處在水深火熱之中，等待著我們去解放。

我如癡如醉地閱讀蘇聯奧斯特洛夫斯基的長篇自傳體小說《鋼鐵是怎樣煉成的》。書中的主人翁保爾柯察金那段內心的獨白，是我以及當時無數青年的人生座右銘，以至五十多年過去了，我還能毫不費力地背誦：

人最寶貴的東西就是生命，生命屬於我們只有一次。人的一生是應當這樣來度過的：當他回首往事時，不因過去的虛度年華而悔恨，也不因過去的碌碌無為而羞恥。這樣，他在臨死時就能夠說，我的整個生命和全部精力都已獻給了世界上最壯麗的事業——為人類的自由解放而鬥爭。

剛剛滿十四歲時，我帶著紅領巾加入了共青團。當我舉起右手在莊嚴的團旗下宣誓時，我堅定的認定了，我的一生已經交給了人民，交給了偉大的黨。那時，我們所受的教育就是把一切獻給黨。我單純如同白紙，在歷經這反復的洗禮後，我也確確實實成為了一個不折不扣的忠實的共產主義的信徒。

初中時，我有兩個很好的朋友。一個叫程開元，一個叫袁天保。程開元是我的鄰居，和我讀同樣的年級，但不同學校。袁天保則是我的同班同學。

我們經常在一起高談闊論，從天下大事到人生理想個人抱負。頗有點「恰同學少年，風華正茂」的豪情。其實，對政治我們什麼也不懂。一九五五年春，中國發生了「胡風反革命事件」一案。當時《人民日報》分三批刊登了《關於胡風反革命集團的材料》，毛澤東親自寫了序，欽定為「反黨反人民的集團」。從此，開了把一個學術問題昇華為政治問題和把私人信件作為定罪依據的極其惡劣的先河。

一天，我和程開元坐在榕湖邊的石凳上，議論這件事。我說，胡風把一些教條喻為圖騰，虧他想得出，這比喻太有趣了。程開元則把告密的舒蕪數落了一通，說這小子不是人，把私人的信件作為告密材料。兩個十四五歲的少年就這樣東一句西一句拉扯。我們完全不瞭解這事件深層的背景，我們的年齡和能力也決定了我們不可能去深入探討。而斷章取義是多麼可怕的卑鄙的政治技倆，我們更渾然不知。兩人誰也沒有想到，三年之後，斷章取義造就的厄運就降臨到了其中一個人的身上。

袁天保寫得一手漂亮的好字。在他父親的指導下，初中二年級夏天，練了一個暑假的柳體，開學時馬上大不一樣。他還叫我也練，並教我如何執筆，如何起筆，轉筆之類。可惜我當時並未用心，所以收穫甚微。袁的詩文也寫得不錯，尤其是他的新詩，比我寫得好，很有韻律感。初中畢業時，我寫了一首長詩名為《畢業的詩》，他為我修改了好幾處，改得真好。高中時天保和我曾一同擔任校刊《學習與生活》編輯。

我學生時代所有的習作都已蕩然無存，包括一本厚厚的日記，連一個字也沒有留下。我想，哪怕是留有一個作業本，也會是一份珍貴的記憶。我猜想是在文革中大哥燒去了。想起這我就心疼。

程開元對文學也很有興趣，三人一拍即合。有天閒聊時，突然興起，我提議我們取一個共用的筆名，以後我們就用這筆名來發表文章，大家都同意。於是，三人抓著腦袋想了好久，幾經推敲，最後定名為「桂萍逢」，意為在桂林萍水相逢。

人世沉浮，世事滄桑。我們終究沒有用這筆名發表過任何文章。一九五五年秋天，程開元因為家境貧寒，沒有上高中，報名參加了一個地質隊到四川去了。在去四川的輪船上和到達四川後都給我和天保寫來了長長的書信。信中有沿途景物詳細而生動的描述，更有對我們友情的深切思念。那時，我們約定了，二十年後，我們一定要再相會。

想不到自此一別，竟成永訣。三年之後，我遭囹圄之災，五年後刑滿獲釋，母親對我說：「開元曾來家找過你，知道你的情況後，他的表情很痛苦。」後來我曾多方打聽他的情況，他是母早亡，父親亦不在人世了。家不知搬到何處，他足下有幾個妹妹，那時尚小，縱然相遇，亦不識矣！天涯茫茫，今生料是不能相見了。當年再相聚的夢想也是斷無實現之日。

我與天保兄的重逢是二〇〇〇年初的柳州。此時，我們離別已是四十二年。袁天保高中畢業後考入廣西大學數學系，畢業後在柳州一所高校教數學，後任教務長。曾任柳州市書法協會主席。現退休，仍在教小孩書法和數學。兩人相見，恍若隔世，感慨萬千。天保說：「有一次我在街上看見你走在勞改隊的隊伍裡，很想喊你一聲，但不敢。當時我心裡非常難過。呆呆的看著，直到隊伍消失。你和《牛虻》中亞瑟的命運太像了，都遭到無恥的出賣。」

兩人沉默了好一會，我說：「我還以為你會去讀中文系，想不到你去學數學。」天保說：「在中國搞文學太危險。」我又問：「你還記得程開元嗎？」他馬上說：「怎麼不記得？我們曾約定二十年後要相聚的。你看，我倆的相見就花了四十二年，人生真是變化莫測。」

臨別時，天保即席為我書寫了兩幅剛勁飄逸的行草，並送了兩本他著述的書法學習方面的書。我則吟賦七律一首相贈。

沒費什麼勁，我順利考入了本校的高中部。

我對文學越來越感興趣。我開始大量的獵涉世界文學名著。從《安娜．卡列妮娜》、《悲慘世界》、《少年維特的煩惱》到莎士比亞的戲劇我都如飢似渴的閱讀。有天晚自習時，我在看羅曼．羅蘭的《約翰．克利斯朵夫》，班主任陳毅武老師看見後說：「你看這樣的書要注意，它宣揚的是個性解放和個人奮鬥。」

那是一個不允許有個性的年代。倡導的是做一顆小小的革命的螺絲釘。既然是螺絲釘，用一個機械學的名詞就是「標準件」，所有的人都是質地一律只是用途不一的「標準件」。個人成為了實現組織或集體目的的工具，個人特質被完全泯滅與扼殺。你個人是不能，也不應該有什麼獨立的人格和作為的。顯然，你也不應該有個人的意志和思想。組織或領袖的意志取代了你的意志。一個沒有自己思想的人也就徹底的喪失了辨別善惡與是非的能力。所以跟著而來的文化大革命，無數的中國人才會有如此瘋狂的、讓今天的人們感到匪夷所思的舉動。偉大領袖說「不破不立」、「砸爛一個舊世界」，人們就不分青紅皂白地把我們祖宗留下來的珍貴東西統統砸爛；偉大領袖說一聲「要武嘛」，年輕的中學女生就把腰間皮帶抽向了昔日尊敬的老師；偉大領袖說「知識越多越反動」，學校從此就不再上課……

對於如此明顯的謬誤與荒唐，人們卻喪失了判斷的能力。也許有人會說，處在那樣的形勢與環境中，有什麼辦法呢？我要說的是，這其中絕大部分的人卻是自覺的、心甘情願的，因為他們早已變成了一個沒有獨立思想的馴服工具。不間斷的強制思想灌輸和政治運動，人們從開始的不自覺到自覺，直到狂熱。二十世紀五六十年代，如此多的中國人在充當著人類歷史上這種新型的奴隸，這個民族也為此付出了慘重的代價。

對個人價值的強烈追求和思想的無羈馳騁，我這樣一個不合時宜的人，命運的悲慘是肯定的了。

高中二年級時，不知是怎樣的神差鬼遣，我擔任了學校的學生會與團委會主辦的校刊《學習與生活》的總編輯，手下大約有七八名編輯記者，每一期的稿件都是我最後審定，親自排版，一期一般是對開四版。然後拿到一個很小的印刷廠去印刷。大約鉛字印刷太貴，我們選用的是石印。一個字一個字的完全是印刷師傅用手工寫到一種特殊的紙上，然後拓印到平整的石板上再進行印刷。每期也只是印一百多份，每個班發三四份。

一九五七年初，我出席了桂林市文藝工作者代表大會。在會上，林煥平教授向全體代表作了長篇講話。林煥平教授，一九三〇年加入中國左翼作家聯盟，曾與夏衍、陽翰笙等著名的文藝家一道工作，是較早譯介馬克思文藝思想的理論家。一九四〇年他撰寫的《活的文學》，是第一本由我國學者用馬克思主義為指導寫出的文藝概論著作。當時他擔任廣西師範學院中文系主任。講話的題目是「讀萬卷書，行萬里路」，副題卻是記不得了。其中心思想是告誡每一個年輕的文藝工作者，必須多讀書，讀各種各樣的書。行萬里路，就是要到生活中去，到社會實踐中去豐富自己的閱歷和知識。

我不知道我是怎樣被推薦去參加這個會的，在桂林中學只有我和另一個同學。我從來沒有在社會的報刊上發表過任何的文章，也從來沒有將來要去從事文學這個職業的打算。對文學，我只是有點興趣，僅此而已。現在居然成了「文藝工作者」，還居然是「代表」。我想，這實在是一個天大的誤會。

想不到的是，幾個月以後，林教授這樣一個從年輕時就一心追隨馬克思主義的學者，卻成了桂林文化界最大的右派。

繁忙的工作似乎並沒有影響到我的學習。那年夏天年考，我以十二科全部滿分（五分）的成績名列全年級第一。然而，我並沒有得獎，學校僅僅給了我一個表揚。我感到從未有過的失落。班主任陳毅武老師給我的評語有一句：「……往往提起千斤放下四兩。」我至今也沒有搞明白，這是褒還是貶。也許是說我自不量力吧。其所以沒有得獎，我想，此時學校也許已經意識到我這樣的人太露鋒芒，遲早要出事。

一九五七年五、六月時，一天傍晚，我和同班的一個同學路過當時位於王城的廣西師範學院，見學院大門口貼滿了紅紅綠綠的大字報。兩人就湊過去在校門口看了一會。五花八門的大字報的內容基本上都已忘卻，印象較深的是有一張大字報寫著一些校領導什麼業務都不懂，卻在瞎指揮。另一張寫著，檔案中的鑒定材料由領導寫，本人完全不知道，但卻像幽靈一樣隨附著自己的一生，要求鑒定材料公開。出於對真理的思辨，對這些觀點我是認同的。有一幅巨大的標語分外引人注目：「還我自由！還我民主！」對這則標語我當時是頗有些不能理解，不敢苟同。難道現在沒有自由沒有民主嗎？然而，這些問題離我是這樣的遙遠，看了之後，並沒放在心上，也沒和任何人議論。但我不知道，這些新奇的觀點是否曾經潛移默化的影響過我。我更沒有想到的是，這些年輕幼稚的大學生和我一樣竟然是中了「引蛇出洞」的圈套，人生的悲慘世界正在等待著他們。

一年多以後我在監獄裡見到了好幾個廣西師範學院的大學生。現在還能回憶得起的名字有：歐陽浩、黃福南、沈君理、廖宗俠、鮑柱濤、劉錫炎等。他們和當年的我一樣年輕，一樣充滿了理想和熱情。他們天真的認為向黨提意見，是為了幫黨整風。他們的刑期大多在五到十年之間。其中的劉錫炎和我曾在同一個勞改小組一段時間，這是一個講話有濃厚廣東口音，臉色蒼白，身材削瘦的青年，在大學讀的是中文系。他的父親有一封寄給他的信，管教幹部作為教材曾在犯人的大會上朗讀。信中言辭慷慨激昂，大罵這個不肖的逆子，辜負了共產黨的恩情和教育，於今墮落成反革命分子，完全是咎由自取，恨不得槍斃了才好。其激奮之情，超過所有類似的信件。我問他：「你父親對你怎麼這樣凶？」他苦笑了一下，沒有回答。記得他對《紅樓夢》裡的〈好了歌〉似乎特別情有獨鍾，在與我的閒談時，常常脫口而出。大約經過這次打擊，他已心灰意冷，看透了世間的炎涼與險惡。

暑假時，同班一個叫賀春雨的同學邀我到他家裡玩幾天。他的家在離桂林市三十里的一個叫大墟鄉的農村裡。這是我懂事後第一次如此近距離的接觸農村的生活。人們赤著足，衣衫襤褸。我走進賀春雨同學隔壁的一家農居，低矮的土牆，昏暗的屋角裡，我看見一個老婆婆在炒青菜，她拿著一片南瓜葉把鐵鍋擦幾下就倒青菜下鍋了。我問她為什麼不放點油？她望了我一眼說：「哪有那麼多的油？我們經常不放油的。」幾天下來，我為農村竟是如此的貧窮而震驚。報紙上不是天天在說，農村一片欣欣向榮，到處是豐收的景象嗎？解放這麼多年了，農民的生活為什麼還是這樣的艱難？

第三天一早我和賀春雨同學一起走回桂林。他挑著一擔六七十斤重的木炭，他說，挑到桂林可以賺六七毛錢。我是空著手走的。頭頂著烈日，直到中午我們才走到桂林，兩人都是渾身汗水了。

在這裡，我有必要說清楚一個問題，否則現在的青年人可能會犯糊塗：城市的中學裡怎麼有農村的孩子？其實，那時這是很平常的事。一九五八年之前，中國的農村和城市之間的人口流動是沒有限制的，城市裡的中學也不限制農村的學生來報考。我所在的班級就有近三分之一的學生家庭是農村的。他們和我們這些城市的孩子一起讀書，共同生活，（他們往往是住校的）沒有任何人會歧視他們，因為這一切太正常了。不少農村來的學生還表現得很優秀，如我所在的班上一個叫李德明的同學就來自廣西融安的農村，以後考取了清華大學。

然而，這一切很快成為了歷史。自一九五八年後，中國開始實行城鄉的戶口二元制。中國的農民為了這場「土地革命戰爭」，貢獻了小米，貢獻了獨輪車，貢獻了數百萬的生命，他們夢寐以求的「耕者有其田」的日子卻轉瞬即逝。政權剛剛穩固，他們就被強制推行的集體化剝奪了土地的私人所有權，現在，隨著城鄉的戶口二元制的實行，從此農民被死死的釘在了那片出生的土地上。而一系列對農村不公平的政策的實施，農村和城市生活的差距越來越大，於是農民就成了不折不扣的二等公民。對於農村城市生活的差距，這一千真萬確的事實認定，卻為我埋下了日後災難的種子。再後來，由於人為的災難，一場大飢荒在中國發生了，數以千萬之眾的中國人，像是被踐踏的草芥，被凍死的螻蟻，無聲無息地倒斃在一首「共產主義」的暢想曲中。而在餓死的人中，農民占了絕大多數。這不能不說是中國當代史裡農民的一場悲劇。

一九五七年的春夏，中國的知識分子經歷了歷史上最黑暗，最卑鄙無恥的一場政治陰謀。年初，共產黨號召知識分子和民主黨派的人士，幫助共產黨整風。「知無不言，言無不盡。」「百花齊放，百家爭鳴。」人們對共產黨整風的誠意沒有半點的懷疑。於是，儲安平的「黨天下」，章伯均的「政治設計院」，羅隆基的「平反委員會」等等紛紛出籠。這些中國的先知先覺們萬沒有料到，他們已經陷入了一場「引蛇出洞」的政治陰謀。毛澤東發出指示：「讓牛鬼蛇神都出來鬧一鬧。」「這不叫誘敵深入，叫自投羅網。」還說：「這不是陰謀，而是陽謀。」六月八日，《人民日報》刊出毛澤東親自捉刀的社論《這是為什麼？》毛澤東發出了反擊右派的命令。什麼「長期共存，互相監督」「肝膽相照，榮辱與共」早丟到九霄雲外去了。

可惜，當年我畢竟還只是一個未滿十七歲的少年。完全不知道政治的卑鄙與兇險。儘管我自傲並感到失落，但我自幼所受的教育，使我的那顆赤誠的心依舊是那樣的無暇。我這人有時似乎有點小聰明，但在政治上卻是愚鈍得很，既天真又幼稚輕信，以至於幾個月後那原本應該完全能避免的事，我竟然毫無所察，「自投羅網」，最後造成了一生的悲劇。

九月，我中學時代最後一個學年開學了。駱醒民校長在全校大會上宣佈學校將進行一次學習討論活動，號召同學們向黨交心，對思想認識問題進行辯論，通過辯論澄清模糊認識。並特別強調：反右鬥爭已經結束，而且，中學生裡也不反右。同學們不要有任何的思想顧慮。辯論只是為了提高認識，真理越辯越明。駱校長那圓胖的臉龐，瞇著一雙和善的細細的眼睛。我就是懷疑明天太陽將永遠消失，也不會懷疑這是一場陰謀的前奏。

如果當時我稍稍留意一下當年（一九五七年）的報紙和社會動向，了解怎樣從溫暖和煦的撲面春風陡然急轉為冰冷刺骨的凜凜寒風，我就不會如此呆呆地「自投羅網」了。

請看當年是何等真誠地大力鼓動人們向共產黨提意見：

「放手讓大家講意見，使人們敢於講話，敢於批評，敢於爭論；不怕錯誤的議論，不怕有毒素的東西；發展各種意見之間的相互爭論和相互批評……」（毛澤東一九五七年三月六日在中共中央宣傳工作會議上的講話）

「大膽放，大膽鳴，用不著顧慮什麼。」（政治局委員李富春一九五七年五月十七日在重慶講話）

「人民有言論、集會、出版的自由。人民可以宣傳社會主義，也可以批評社會主義；可以宣傳馬克思主義，也可以批評馬克思主義。」（一九五七年五月十五日中宣部副部長周揚）

「堅決實行知無不言，言無不盡；言者無罪，聞者足戒；有則改之，無則加勉的原則。」（中共中央《關於整風運動的指示》）

然而，六月八日《人民日報》的社論《這是為什麼？》發表後，馬上風雲突變，一些自以為是向黨袒露心胸，披膽瀝肝、真誠提意見幫黨整風的知識分子統統就成了「反黨反社會主義的右派分子」……

這便是「陽謀」！如果說陰謀是要躲藏在陰暗的角落，左顧右盼、偷偷摸摸地實施，「陽謀」則是在光天化日之下進行：今天在報紙上大張旗鼓地號召人們大鳴大放，向黨提意見，幫助黨整風，「知無不言，言者無罪」。明天的報紙就毫無遮掩堂而皇之的否認昨天的講話，承諾、甚至正式的文件。那些在共產黨一再的鼓動感召下，懷著對共產黨滿腔深情的天真的知識分子，甚至一些飽經政治風霜、洞察世事的民主黨派人士們，終於開始向黨吐露心聲，而一張大網早已悄然張開，等待這些不安分的魚兒。提意見幫黨整風的人轉眼就成為了「瘋狂向黨進攻的資產階級右派分子」。這一切進行得是如此的有條不紊、按部就班、光明正大！是因為有一個強大的政權在支撐：我就是這樣，一切都在我的掌控中，你奈我何！

全國的「反右」已進行好幾個月了，如果我能夠把這一切和駱校長的動員講話，稍作一下比對，我就無論如何也不會掉進這樣的一個「陽謀」的圈套，那我的整個人生就完全是另一個樣子了。

畢竟，我當年太年幼，太稚嫩、太單純，又自以為是地胡思亂想，哪裡是這些老謀深算的奸詐政治家的對手？

然而，直到今天，我仍是不能原諒自己當年的愚蠢。

畢業前夜

一九五八年一月，高三的第一個學期結束，桂林中學從市區搬到了郊區。那兒最早是國民黨的政要李宗仁的夫人郭德潔女士創辦的一所學校，叫德智中學。解放後曾一度改為專供「同志加兄弟」的越南人學習的學校。

一條蜿蜒的小河從學校的側邊流過，這條河有一個美麗的名字：桃花江。然而，我並沒有看見兩岸有燦爛的桃花和「落英繽紛」的美景，倒是翠綠的垂柳與烏桕樹在舒展著腰肢，把枝幹盡情地伸向江水。岸邊是阡陌縱橫的漠漠水田，江面只有二三十米寬，沿江的農民為了灌溉的方便，在江上築起好些攔河壩，讓湍急的江水推動緊靠著岸邊的高高的水車旋轉。這是一幅令人心曠神怡的秀麗田園風景畫。

校舍很寬闊。因為遠離市區，所有的同學都必須住校。有的同學就以家庭困難為由，轉到了別的學校。我的中學生活只還剩下一個學期了，所以我想都沒有想這件事。倒是半年前，我曾對轉學的事有過考慮：那時母親到漢口二哥那兒去了，四哥文健一年前又去了天津讀書，母親有點不放心我。曾和我說我是否可以轉到漢口去讀？我對母親說，還有一年我就要考大學了，反正肯定是要離開桂林的，現在不想麻煩了。母親也知道我獨立生活的能力很強，也沒多說了。

啊啊，人生是充滿了如此多的變數與「如果」。往往一個細小的一念之差，就會造成一個完全不同的人生。如果一九五七年夏天我到漢口讀書去了，那我肯定不會有一九五八年的厄運；如果一九五八年初我轉到市內的任意一所學校，半年後我也將毫無懸念的坐在大學的課堂裡了。這樣，我的一生也將重新被改寫。

命運啊，真是這樣的奇幻，這樣的不可抗拒？

那一年的春天，大躍進的號角雖然還未正式吹響，但已是躍躍欲試了。社會上開始彌漫著一股焦躁而狂熱的氣息。幹什麼都是以運動的形式來開展。伴隨著一場轟轟烈烈的愛國衛生運動，一場全國性的「除四害」運動就應運而生了。什麼是「四害」呢？偉大領袖欽定為「蒼蠅、蚊子、老鼠、麻雀」。前三種似乎好辦，要消滅那在天空中飛來飛去的麻雀可就有點麻煩了。麻雀是一種與人類為伴與人類很親近的小鳥，主要棲息在居民點和農村村莊的田野附近。那時採用的方法，連現在網絡上那些想像力異常豐富的、頭腦聰敏的年輕人恐怕也要自愧弗如。方法只有兩個字：「驅趕」。當然，槍擊、網攔等傳統的方法也會一併用上。

為了驅趕麻雀，無論是城市還是鄉村，全國總動員，在同一時間，佔領一切的制高點，採用一切可以發出噪聲的器具，使麻雀們陷入飛無可飛的悲慘境地，最後落地而死。《人民日報》當時登載了北京一個畫家的一幅速寫，把這一永載史冊的壯舉描繪得淋漓盡致：屋頂上，窗戶口，樹上，大街上全是人，有敲鑼打鼓的，有吹喇叭的，有敲臉盆的……據報載，還真有那麼回事，有不堪疲憊的麻雀終於倒在了地上。當然，報紙上是不會忘記一條這樣的評論：這是群眾運動的偉大勝利！

遷入新校址不久，有一天，全校的學生也接到驅趕麻雀的指令了。那天一早，同學們拿著各自的「武器」列隊，班主任草草檢查了一會，告訴大家要切記帶著並進行了分工。我和五六個同學奉命扼守一個小山頭。我沒有鑼鼓，更沒有喇叭和鞭炮，唯一還能用的一個臉盆又捨不得，只得花了時間在垃圾堆裡翻出了一個只殘留著三分之二體積的破臉盆聊以充數。好在班主任倒並不在乎「武器」的質量。

開始還挺認真的敲敲打打，後來見並沒有麻雀飛來，漸漸的就不再敲。大家躺在山坡的草地上閒聊了起來。有個同學說：「也許麻雀在其他地方已經束手就擒了。」緊張的學習之餘，難得在這樣一個風和日麗的春天早上輕鬆一下，享受一下大自然的秀麗風光，大家也都挺高興的。

經過一九五八年的大圍剿，人們逐漸發現，雖然人們從這些小鳥口中是奪下了一些糧食，但不少地方的蟲害卻日益嚴重起來，有些地方甚至是毀滅性的。這是真正的

「得不償失」。在付出了沉重的代價之後，人們終於認識到往日的愚蠢。現在麻雀已經列為國家的保護鳥類了。然而，當初難道就沒有一個動植物方面的專家出來制止嗎？

我想，一定有過的，只不過沒有人理睬。聽說，現在已由臭蟲（也許是蟑螂）頂替了麻雀的位置。

一九五八年四月，還有兩個多月就要高考了。我已經把高中的課文複習了兩遍。儘管早已胸有成竹，但我仍不敢有絲毫的懈怠和掉以輕心。每個同學都已進行了高考體檢，填報了志願。那時可沒有什麼文理科分班。我報考的是理工科，第一志願是清華大學，第二志願是天津大學，（即北洋大學）這也是一所極好的重點大學，最重要的是文健哥正在這所大學讀書。

早在半年前，母親已為我準備好了我離家讀書的被單之類的物品。在上世紀五十年代，能考上大學的只有百分之幾，是真正的鳳毛麟角。但在與人的閒談中，母親卻經常會表露出一種驕傲與自信的神情：我這小兒子上大學是肯定的。

春天的校園裡，到處是一片青綠。濕潤的空氣中流淌著花兒的芳香。每天清早，淡青色的晨霧尚未消褪，棲息在枝頭的小鳥就被一陣陣朗朗的讀書聲從睡夢中喚醒。對於畢業班的同學，時間是更加的寶貴了。同學們滿懷著對未來的憧憬，按捺著心中湧動的激情，每天都在緊張地進行著中學時代的最後一場衝刺。那時的口號是：「以優異的成績，迎接祖國的挑選。」校園裡廣泛的流傳著一首詩：

親愛的朋友
你想一想
幾年以後
你在哪一個崗位上

也許你在雪封的山林
警惕地巡視著祖國的邊防
也許你在實驗室的桌旁
苦心探索著物質中奧秘的新奇
……。

生活在我們面前展現的是一幅絢麗多彩的錦繡。

一個星期日的早上，在學校門口，正準備回家的我遇見了隔壁班的劉同學。本來與她同行的一位女同學馬上藉口走開了。初中時我和她同一個班，她很聰明，成績極好，人長得非常漂亮。直到今天，整整的半個世紀過去了，她那美麗的眼睛和動人的容貌還清晰的刻在我的腦海裡。我不知道，當年我那顆稚幼的年輕的心，從什麼時候開始竟然愛上她了。也許，這愛是不成熟的，只是一種朦朧的青春期的萌動，但卻是真摯與純潔的。

一個小時的路程，我們談了很多。她說她準備學醫，將來做一個兒科醫生。我說，我想學原子物理。她笑了笑說：「那太尖端了，我沒有你那樣的宏大志向。我只想做個醫生。」

我們都絲毫不懷疑對方將考上大學。她的理想很樸實，以後她考取了廣西醫學院。（也許是受家庭出身的影響，按她的成績完全應該能上一個更好的大學）畢業後在廣西中醫學院教授微生物學。她從事的倒是一門比較尖端的學科。而我，「心比天高，命如紙薄」，到頭來是一事無成。

春天溫暖的陽光給青綠的田野披上一層淡淡的輕黃，郊區的公路旁新翻耕的農田，汲飽了雨水，透出烏黑而潤亮的光澤。河邊的楊柳枝條早已吐出嫩的新芽，在春風裡輕輕搖曳。一頭剛剛勞作完的水牛在草地上悠閒吃草。這是一個多麼靜謐和充滿了勃勃生機的早上。

我們熱烈的交談，從人生理想到各自班上發生的事情。我很有些感慨地說，六年的中學生活就要結束，幾個月以後，我們就是天各一方了。她說以後大學放假了，我們還能見面的。聽了她的這話，我的心裡有些微微的感動。我想，我在她的心目中，也許只是一個並無反感和不壞的印象。平時，我們並沒有什麼特別的交往，見了面，也只是簡單的打個招呼。深深留在我記憶中的一件事是初中畢業時那個夏天的晚上，班上的夏令營活動搞「偷營」的遊戲，我趴在草地上偵查對方的動靜，她突然悄悄地爬到我身邊，並用手摟著我的頭，兩人頭靠著頭，小聲地交換著「情報」。那時，我們的心如同山中的清泉般的純淨。

此時，臨近畢業離別，這潛藏在心靈深處的感情卻日漸強烈起來。我暗下決心，為了這份深藏於內心的情，我也得加倍的用功，我一定要考取最好的大學。那時，我將向她表白。

然而，命運無情的作弄並嘲笑了我。想不到這次的見面與交談竟成了我們今生的最後一次。

我對她的感情卻是如此的刻骨銘心。她是第一個闖入我的心扉，並喚起了我對異性愛的追求的女孩。在我以後漫長的人生旅途，她曾多次進入我的夢鄉。好幾次，醒來時我已是淚流滿面，再也不能入睡。三十年後的一九八八年五月，我曾填詞一首，其淒切之思，悲慟之情，躍然筆端：

踏莎行　午夜夢回（並序）

夢中又回到了那已逝的年華，那是怎樣的遙遠的往事！不禁百感交集，感慨繫之。

笑靨依舊，明眸如前，玉玉亭亭舊時園。
光陰不解離愁緒，相顧無言淚如泉。
往事悠悠，無盡淒切，劫波餘恨憶當年。
夢回猶疑前生事，更那堪窗外殘月。

聽說她現在定居香港，祝願她幸福。

四月最後一天的下午，全校大會。校長駱醒民和教導主任劉英先後在會上作了動員報告。和半年前完全相反，這次他們是一臉嚴肅聲色俱厲的說：學校裡潛藏著階級異己分子，問題非常嚴重，並列舉了一些例子。號召各班要認真清查。

我開始感到事情似乎有些不妙。因為有些事例彷彿像是和我有關，但細想下來，又不全像。那時，我還不知道，偷樑換柱和斷章取義這一在中國有著悠久歷史的技倆是何等的無恥與可怕。

當天的晚自習取消了，開班會。按慣例同學們把課桌圍成了兩個同心圓，面向講臺那面留有一個口子，便於老師面向同學講話。班主任作了簡短的動員後，同學們便一個個的爭先發言了。——後來我才知道這些都是經過精心準備，周密佈置的。二十九年後的一九八七年，在一次初中同學的聚會上，和我既是初中又是高中同學的李家祥告訴我，在學校的秘密動員會上，對我這樣的人的定性就是小右派。難怪在這之前大約一星期的時間裡，我總是有點奇怪：一些平時和我關係還不錯的同學，突然對我似乎冷淡起來，表情怪怪的。下午的自習時間，許多人也都神秘兮兮地不知到什麼地方去了。學校的保密工作真是做得可以，就是做得不怎麼可以，也應該沒事，因為我做夢也不會想得到，我會有這樣的一天——我會成為一個階級敵人，成為一個站在會場中間的被批鬥對象。

今天我已回憶不起到底是誰第一個點我的名了。因為，當時我已經完全懵了。只聽到一個很大的嗓門在吼叫：「同學們！我們班也有一個隱藏的反動分子。他大叫農民生活太苦，攻擊工農聯盟。他還公開叫囂要殺共產黨人。這個人就是許文逸！我們叫他站出來，好不好？」我還沒有清醒過來，就被幾個人連推帶拉地拖到圓心的一張椅子上。

噩夢的開始

半夜，我從昏沉的睡夢中醒來。我努力的想要搞明白，這一切是真的發生了，或者僅僅是一個轉瞬即逝的惡夢？在暗夜中我隱隱的看見我對面的床邊坐著兩個人，每人手上拿著一根齊人高的圓木棍。我想了好久終於明白了：他們是在看守我！

這一切不是夢，是活生生的現實。那篇該死的週記……

我不知道現在的中學生是否還寫週記？那時每個星期都要寫的，上面記敘自己的思想，學習和生活情況，給班主任看的。半年前，我寫了一篇這樣的週記：

記得，當右派分子向黨進攻時，對某些言論我曾有過糊塗的認識。如右派分子葛佩琦說：共產黨人如果變壞了，人民不擁護他了，人民就可以推翻他。當時我想，是啊，共產黨是為人民服務的，所以人民擁護他。如果共產黨不為人民服務了，人民當然可以推翻他。這種嚴重喪失階級立場的想法是多麼的危險啊！這是由於近年來我忽視了政治學習，只一心鑽功課，被右派分子似是而非的言論所迷惑……。

週記是寫給班主任看的，我也沒跟任何人談過，怎麼成了「公開叫囂」？原文被卑劣的斷章取義了。我所認定的葛佩琦的觀點是有一個重要前提的，即「共產黨人如果變壞了，人民不擁護他了」。況且，週記的最後我還做了誠懇的檢查。現在，把關鍵的「如果」這一個前提抽了去，我的檢查也抽了去，只剩下「人民可以推翻他」，又進而引申成要推翻就必然要殺人，於是我便成了叫囂要殺共產黨人的兇犯。這真是「欲加之罪，何患無辭」。而把這種無恥的技倆用在一個未成年的中學生身上，更是何其下流和卑鄙。作為一個中學生，我的思想很簡單：毛主席說：「人民，只有人民，才是創造世界歷史的動力。」我自幼以來所受的教育告訴我，凡是違背人民意願的最終必將遭人民拋棄，這是社會科學的一個普遍真理。既然是普遍真理，為什麼就不能適用於共產黨呢？

那時我心中對於共產黨的「偉大、光榮、正確」沒有絲毫的懷疑，更不會認為將來有一天人民要起來推翻它。我想的只是一個一般性的社會科學問題。

在批判我時，還有一個論點是：共產黨人絕對不可能變壞，單是任何這樣想的念頭都是錯誤的，不可饒恕的。因為這種可能永遠不存在。

世界上沒有絕對的可能或不可能。在一定的條件下，事物是可以變化的。這其實只是一個簡單的哲學命題。

昔日的巨無霸——蘇聯帝國的執政黨，還有東歐那麼多的共產黨，今在何方？——歷史無情，早已作出了回答。

可惜中國的共產黨人直到二十多年後才意識到這一點，才感到「加強黨的自身建設」的重要與迫切。而當年的先知先覺們卻要為這歷史的過錯而「埋單」，付出了血與生命的代價，我這個普通的中學生付出的是一生的幸福。

我的另一個罪名是破壞工農聯盟。事情也緣於半年前，有次開班會，討論城市和農村的生活差距問題，同學們各抒己見，有的認為差別不大，有的認為差別大，談得很熱烈。這時團支部的宣傳幹事陽漢瓊說：「我認為工人農民的生活沒有什麼差距。工人的工資收入雖然多一些，但城市裡生活費高。比如說，工人穿皮鞋要幾塊錢一雙，而農民呢？自己打草鞋，或者乾脆打赤足，工人用肥皂要花錢，農民用草木灰也照樣把衣服洗乾淨了，我們都知道草木灰是含鹼性的。工人用自來水要花錢，坐公共汽車要花錢，買米吃菜更要花錢。工人的工資在這些必要的消費之後，也就所剩無幾。農民的現金收入雖少，但支出也少。所以我認為當前的工人和農民的生活並沒有什麼差距。」

這真是一篇有理有據的演說。會場一片沉寂。

然而，我卻大不以為然。站在座位上作了如下的發言：

「我認為剛才陽漢瓊同學的發言在立論的基本方法上是錯誤的，所以其結論也是錯誤的。什麼叫生活差距？撇開了生活裡實質的物質內容，而以雙方都花光了錢證明並無差距，這種說法是可笑的。我們先假定該立論成立，則由此推論出，一個闊老板奢華的花光了他的鉅款與一個失業工人花光了僅有的幾個銅板聊以充飢，由於他們的錢都已花光，所以兩者的生活是並無差距。難道這能成立嗎？顯然不能。這種假定顯然也是錯誤的了。在穿皮鞋與穿草鞋之間，在用肥皂與用草木灰之間，這本身難道不正是一種差距嗎？」

說這番話時，我尚是一名未滿十七歲的少年。今天讀來，對於當年我的雄辯，我還是頗有些吃驚。

在批鬥我時，這位團支委用極有感情的聲調控訴我用詭辯的方法，以煽動的言詞故意誇大農村和城市的生活差距來挑撥工農關係，造成極壞的影響。於是。「破壞工農聯盟」的帽子緊緊扣在了我的頭上。

今天，整整半個世紀過去了。農村和城市的生活差距依然是顯而易見。不知當年這位身材嬌小而言詞充滿激情的團支部宣傳幹事，回首這段往事，心靈深處可曾有過絲毫愧疚？

一九七九年秋天，為平反改正的事，我回到了桂林中學。

這就是我多少年來魂牽夢縈的桂林中學嗎？校門口那兩行高大整齊的白楊，還是如當年的矯健和嫵媚。透過這綠蔭，映入眼簾的依然是那一排排熟悉的教室。二十一年了，當年，我尚是一個十七歲的少年，天真而稚嫩，我熱愛生活，熱愛學習，卻被野蠻地踢出了校門。於今，我已是年近不惑，皺紋過早的深刻在了臉上，幾十年的煎熬與風雨奔波，身心早已是傷痕累累，極度的疲憊。此刻，那早已飄逝的學生生活又閃現在眼前，彷彿如昨日的鮮活。淚水再也控制不住，模糊了我的雙眼。

一進校門，正好遇見當年我畢業時的班主任唐雨老師。我這個壞人總是給人留下很深的印象，他第一眼就認出了我。我還沒開口說話，他就頗有些緊張的對我說：「你是為平反的事來的吧？你千萬不要找我。我只是做了你最後一個學期的班主任。你的事都是上一個學期發生的。那時你們的班主任是陳毅武。」

後來我想了想，唐雨老師記得這樣清楚，我還沒有開口，就知道我來的目的，他肯定是早就預感到我的事要平反改正是毫無疑問的，遲早有一天我要來找他。一九五八年發生在桂林中學的那場腥風血雨，任何一個良知尚存的人都會認為那絕對是一場對學生的大迫害，是一個毀滅人性的殘忍祭壇。唐雨老師說的是實話，我的事情確是在他來當班主任之前，準確地說是半年前發生的。那時，學校應該已經把我列入了「黑名單」，既不聲張，也沒有任何反應，靜悄悄地，只等時機一到，就狠狠地進行收拾。這真是太令人毛骨悚然了。這到底是一個育人的學校，還是一個陰森可怖的隨時準備抓人的特務機關？這一切，是何等的可悲，它就發生在我們這親愛的祖國。很難想像，世界上還有哪一個國家，哪一個中學，會做出這樣卑鄙無恥的事情?!

以後，我又找到了陳毅武老師。我直言道：「週記是寫給班主任看的，我有問題你為什麼不對我進行教育？不提醒我叫我注意？而是偷偷的往上交，告密？」陳毅武是矢口否認，說：「我不可能做這樣的事，那時我自己都還正在接受審查。一定是劉英（教導主任）下來檢查時發現的。」

誰也不肯承認。起碼說明了一點：這樣的告密，確實不光彩。但我認為，最大的「疑犯」當是陳毅武。劉英身為教導主任，不可能下來一本一本的檢查學生的週記。正是因為陳毅武當時在接受審查，為了表現自己積極進步，就不惜出賣學生——中國不少的知識分子的風骨與人格我實在不敢太恭維。而劉英和駱醒民（校長）則是兩個出色的陰謀家與劊子手。

一切都已過去了。知道了是誰又於事何補？誰能還我青春寶貴的年華？

以人的思想來定罪是那個時代的特產。在人類歷史的長河中，只有在黑暗的封建專制和愚昧的宗教統治時期，才鉗制人們的思想，規定了人們只能怎樣想和不能怎樣想，把人們對真理的探索與追求視為異端與罪惡。十七世紀法國最偉大的數學家、物理學家、哲學家帕斯卡說過：「人的全部尊嚴在於思想。」在上個世紀的五、六十年代，中國人哪裡有半點的尊嚴？當一個政權要靠控制人的思想來維繫時，這個政權一定是脆弱的。

這次運動被稱為「反歪風邪氣」，被揪出來的人叫做「壞分子」。我們那位德高望重的校長大人，也確是兌現了他當初的諾言：中學裡不反右。

我的所有的問題都發生在半年前，就是我有錯誤，但半年來沒有一個老師和我談過話，對我進行教育，團組織也沒有找過我。現在，突然就這樣的翻了出來。這還是一個教育人的學校嗎？就是這樣對待一個未成年的孩子。

這就叫「秋後算帳」。現在的年輕人長見識了吧？

第二天是五一勞動節，全校放假，而各個班被揪出的壞份子們被集中起來，在一個教室寫檢查。我沒有心情去數到底一共有多少人，但的的確確是坐滿了一間教室。我認真的檢查著自己腦海深處的反動思想：為什麼別人就不像我一樣，對葛佩琦的言論有共鳴呢？為什麼我會認為農民與工人的生活有差距，並且要肆意的誇大呢？為什麼我看不到國家的大好形勢，農民生活正在越來越好呢？一個人說什麼想什麼都不是無緣無故的。我不停的給自己上綱上線，越檢查，我的思想就越反動。到後來我竟然是真的感到自己就是一個不折不扣的反動分子了。整整一天我不停的寫啊寫啊，寫了近萬字的檢查。

第二天第三天的批鬥會上我依然被厲聲呵斥為不老實，企圖蒙混過關，被責令繼續深挖反動思想。不管我是怎樣真心誠意的檢查，得到的回答永遠是「不老實」。每天的批鬥會都會持續到晚上的十一、二點。發言的一個接一個，嗓門也越來越大。

在批鬥會上，我也曾試圖對一些問題作澄清和辯解，但根本就沒有我說話的機會。我沒有和任何人談過，更沒有寫過大字報，難道向老師彙報和檢查自己的思想，就是「公開叫囂要殺共產黨人嗎」？我一個年紀輕輕的中學生，和共產黨無冤無仇，我為什麼要去推翻共產黨？我又有什麼本事，憑什麼去推翻如此強大的打垮了蔣介石八百萬軍隊的共產黨，去把他們殺了？我說農村生活和城市生活存在差距，是明擺的事實，就算是說錯了，也只是看問題的偏差，何至於就是破壞「工農聯盟」？

一切都是強詞奪理，顛倒黑白，牽強附會。鬥爭會上根本不是講道理的地方。鬥爭會就是無限上綱，吼聲連天，用最惡毒的語言來詛咒你，謾罵你，然後，是不斷的重複，擾亂你的思維，搞垮你的精神，把你的自尊一點一點地撕得粉碎。逼迫你按他們的思路來違心地檢查和批判自己，直到你因迷茫而漸入意識的混亂，最後在不知不覺中繳械投降。

從此以後的風雨幾十年，也許是我變得「懂事」了，我是再也沒有遭到批鬥了。但我卻親眼目睹和見證了無數的大大小小的批鬥會，所有的批鬥會儘管內容有不同，但過程與方式永遠是大同小異：被批鬥者不管怎樣的檢查，永遠是被呵斥為「不老實」，一旦想申辯幾句，馬上就被震耳欲聾鋪天蓋地的口號聲淹沒。——在如此的場合，豈能容反革命繼續放毒？不允許被批鬥的人為自己辯護，也許從有批鬥這一中國特色的現象誕生之日就是如此了。遙想當年，在德國法西斯的法庭上，季米特洛夫還可以為自己的無罪作長篇的辯護。我們這個充滿陽光的「處處鶯歌燕舞」的國家，卻是剝奪了一個中學生為自己辯護的權利——這是怎樣的令人悲哀的現實！

上課已基本停止了。白天晚上都是開會，動員，學習，批鬥。在這些日子裡，不管是吃飯還是睡覺上廁所，我身邊會寸步不離的有兩個同學手執木棍跟著。是怕我畏罪自殺，還是擔心我逃跑或者行兇？

一個學校就能輕而易舉的野蠻剝奪我及另外幾十名同學的人身自由，肆無忌憚的摧殘這些孩子稚幼的心靈，現在的年輕人不要奇怪，這就是當年發生在我們這可愛的祖國的現實。

桂林中學這場政治運動給我的打擊是致命的。幾天前還風光無限的我突然間就成了「囚犯」，備受凌辱。我怎麼去面對我的母親，面對她給寄予我的殷切的期望？我怎麼去面對劉同學？那動人的明媚的目光，那爽朗而歡快的笑語？

一天中午我被兩個手持木棍的同學押著，活像一個囚犯，從食堂往教室走去，我看見劉同學在前方約十米遠處正迎面走來，她猛一抬頭看見了我，就極迅速的拐上了另一條路。

我分明感到昔日生活帶給她心靈的印記。

啊啊，一切還沒有開始，就宣告了結束。我的心刀絞般的痛楚……

過了幾天，班上又揪出了一個叫周治濤的同學。我至今也不知道他是為了什麼。他留給我的印象是一個成績中等，不太引人注意的同學。後來他也被開除，不許考大學，回到柳州，以後又流落到新疆好些年。就在我寫這段文字的時候，我因事去了一趟柳州，拜訪了周治濤。他由於長期以來都沒有固定的職業，於今已是整整七十歲，沒有退休金，也沒有養老金，靠兒子養著，淒苦的度著晚年。我問他，當年鬥爭你時你的罪名是什麼？他的回答著實讓我吃了一驚，他說他不知道。當時，他已經完全懵了，頭腦一片空白。我反復地問他，他說確實是不知道，那時不知道，現在依然不知道。

高三共有五個班，只有一個班沒有揪出壞分子，其餘四個班每班都揪出了兩個到三個。好多年以後，倖免的那個班的一位同學對我說，他們的班主任好，只有一個同學草草檢查了一下，就小事化無了。看得出，這位班主任是在盡力保護了這位同學。

我印象最深的當屬高二年級的「藍旗黨」事件了。因為這是在全校大會上批鬥的。為首的名叫趙繼武。據稱他們是有綱領有計劃的。他們的第一步是奪取中國的政權，然後攻打蘇聯，佔領歐洲，然後橫渡太平洋，直取美國，最後統治全世界。為了實現這一雄心勃勃的野心，就得成立一個組織，就取名「藍旗黨」吧，既有別於共產黨的紅旗，也有別於當年抗法的黑旗。聽說已有四五個成員了。批鬥大會上，發言的一個接一個，都是聲色俱厲的揭發與批判。彷彿「藍旗黨」成員都是殺人不眨眼的惡魔。至於這幾個十六、七歲少年打算採取什麼具體行動或者已經有了什麼行動來實現他們的野心，發言的人似乎並沒有多少興趣。這樣的幾個高中二年級的十六、七歲的學生，想要統治全世界，任何一個良心未泯的人都只能得出如下的結論：如果不是開玩笑，就一定是癡人說夢。然而，批鬥會結束，他們被當場逮捕，戴上手銬，用汽車拉走。趙繼武後來被判刑十二年，一天也沒少的服滿了刑期。

我要爭取得到寬大。我想，只要我深刻的認識到了自己的錯誤，黨和人民會寬大我的。搞運動的目的不就是為了教育人嗎？我還這麼年輕，我還要考大學。否則，我怎麼有臉去見我的母親？

幾天以後，我被宣佈開除共青團。當時，這是等於宣佈我政治生命的結束。我剛滿十四歲就戴著紅領巾入了團，我一心一意聽共產黨的話，時刻準備著做一個共產主義事業的接班人。我的心中早就立下了誓言：為了黨的事業，必要時，我甚至可以付出寶貴的生命。無論是共青團組織還是學校的老師都曾經是我最信賴的人，被自己最信賴的人唾棄，這是世界上最痛苦的事情。

我仍然不死心，我想學校總還會給我一條出路的。我幻想著以最好的成績去上一個最一般的大學。一天，我找到了駱醒民校長，向他敘說我的痛悔和考大學的願望。他用一種奇怪的眼光看了我一眼，說，你怎麼還有這樣的想法？你現在的問題是深挖自己的錯誤思想，其他的想法是不現實的。

這麼多年來我心中的夢，就這樣被徹底的擊碎了。我殘存的對學校的最後一線希望破滅了。

一個年紀輕輕的中學生怎麼就成了反革命呢？我仇恨過這社會嗎？仇恨過共產黨嗎？沒有，從來也沒有。從少先隊到共青團，我一直追求著進步。我刻苦的學習，我承認我是有著強烈的成名成家願望，（當時這可是受批判的）但這也深含著學好知識，將來更好的為祖國，為人民貢獻自己的力量的偉大理想。就是我有錯誤，我已經深刻的檢查了，黨的政策不是「懲前毖後，治病救人」嗎？為什麼要一棒子打死呢？現在正是我人生的十字路口，我還是如此的年輕啊……

在以後的歲月裡，多少不眠的夜晚，躺在床上，我靜靜地思索這一切。當初學校要是不一棒子將我打死，不管怎樣的批鬥，我都是可以接受的，我確實是打算著「重新做人」的。學校只要稍稍留一個口子，不把我往死路趕，給我一條活路，我甚至會感激零涕的。桂林中學太過分了。

我詛咒這一切。我永遠不原諒那些在我還是一個中學生的時候，就把我推向地獄的人。

這件事給我的最大的教育，其結果是：從此，我開始懷疑這世界的一切。我更多的卻是痛苦的悔恨：我為什麼要去寫那篇該死的週記？剛剛才反了右，我還要往火坑裡跳。真是不可救藥的愚蠢！對於「陽謀」，對於「引蛇出洞」，我的反應是何其愚鈍。

我曾經是虔誠的相信，相信社會美好的一切。彷彿這世界如蜂蜜與玫瑰般的甜美。而現在，僅僅因為在週記中向老師會報和檢查了自己的錯誤思想，並且還在這篇週記中批判了自己，怎麼就成了要推翻共產黨，進而變成了「要殺共產黨人」了呢？

我想起了那本曾深深影響過我青春生命的小說《牛虻》，當年輕的亞瑟向神父懺悔時，他是如此虔誠的相信神父，但卻遭到卑鄙的出賣。

幾十年以後，當共產黨終於認識到「水能載舟亦能覆舟」的道理同樣也適用於自己的時候，當共產黨的高級領導人陳雲明確指出：「黨風問題是黨的生死存亡問題。」的時候，當年的中國人民大學教師葛佩琦正蝸居在一間不足八平方米的幾乎沒有光亮小屋裡。經過幾十年的淒風苦雨，這時的他也不需要光亮了——他基本上已沒有了視力。而我，在歷經二十八年的煎熬後，也早已走完了自己的青春歲月，比亞瑟在南美的十三年苦役生活還多了一倍多的時間。

當年我所在的班級考上清華大學的同學有兩個，名字是李德民和肖賢吉。這兩個同學的成績也一直是班上的佼佼者，本來我應該是第三個。因為，公認的是我的學習成績似乎比他們更優秀——對待考試成績，我從來不認為有運氣和偶然。

二十多年後，由於準備考電視大學，我接觸到了一九五八年（即我高中畢業那一年）高考的語文和數學的試卷——這些我在二十二年前就應該做的試題。往事又一次湧上心頭，百感交集。過去了，都過去了，我充滿激情的青春，我才華橫溢的青春，我五色斑斕的夢想，都早已在蹉跎的歲月中消磨殆盡。看著這些試題，我的眼眶裡噙滿了淚水。往後的一段時間，我好幾次的做著一個相同的惡夢：我坐在考場上，然而所有的試題我一條也做不出。我極度的焦急、慌亂，最後在極度的痛苦中醒來。——這是深藏於我心靈的永遠的傷痛。

高中班的同學自一九五八年一別，整整的五十年了。儘管一直以來居住在桂林市的就有十幾個，但五十年來同學之間卻再沒有聚會過。那一場運動給大家的心靈都留下了傷痕和陰影。而初中的同學們卻每年都會小聚一兩次——那時還小，純潔得很。

下面我想說幾個高中班的同學。

一九六四年一月，我在歷經了五年的勞動改造之後，剛剛獲釋（正在留廠就業），一天早上，我在大街上突然遇到陽家騆同學。他一見了我，就極熱情的上來緊握住我的手，連聲說道：「許文逸你受苦了。」聽了他的這句話，我非常感動。這麼多年來我第一次聽到有人對我說出同情的話。

陽家騆，瘦高的個子，大家都叫他高佬。這是一個有幾分靦腆，話語不多的同學。在我被批鬥時，他不像某些積極分子們高聲的叫喊，會上他沒有說一句話。像這樣堅守著心裡道德天平的同學是不多的。而那位曾經挑著一擔炭，和我一同從大墟走回來的姓賀的同學，有一次我在一個公交車站遇見了他，他很快的轉過身去裝作沒有看見。不知是依舊對我充滿階級仇恨，還是心中太愧疚。我看，多半是階級仇恨的烈焰還在燃燒著吧。

以後我發現了一個大致的規律：凡是批鬥我時表現得很積極的，對我都是避而遠之。而那些當年沉默的同學，大都對我很熱情，這說明大家都還清楚的記得那些往事。

陽家駰大學畢業後，在桂林一家化工廠工作，後任高級工程師。他和我大哥文鑫同在一個工廠。據文鑫哥對我說，陽家駰曾不止一次對他說，他這個高級工程師實在算不了什麼，你的老弟許文逸可惜了，他才是一個真正的人才。

一九七一年的一天，我到一個偏遠的農村墟鎮做了兩個熬酒的純錫冷卻器。由於道路崎嶇，汽車長途顛簸勞累，我在回家途中的一個縣城下了車，打算稍作休息，第二天再趕回桂林。我在旅店安頓了住宿後，就到該縣的人民醫院，想開點暈車藥。此時已是黃昏，醫院早下班了，冷冷清清，沒幾個人。我在急診室的一個醫生面前坐了下來。

令我萬萬沒有想到的是，這個身穿白大褂的醫生，我第一眼就認出了他是我高中班的同班同學秦紀生。他看了我一眼，什麼也沒有說。我靜靜地望著他，也什麼都不說。大約過了幾秒鐘，他頭也不抬的開始問我的病情。他開好了處方，最後問我的名字。他在處方單上寫下了許文逸三個字，就準備遞處方單給我。這時我說話了：「秦紀生，難道你真的認不出我了嗎？你認不出我，這名字總還應該記得吧？」

接下來的是他啊，啊，啊，結結巴巴的不知所云。

當年鬥爭我時，他可是一員猛將。幸好那時的社會還沒有進步到要對被鬥的階級敵人清算肉體，但他的口號聲的響亮，發言的慷慨激昂，是著實留給了我深刻的印象。

從離開學校算起才僅僅是十三年，他不可能認不出我，更不可能連名字都忘得乾乾淨淨。我鄙視並蔑視這樣的小人，他是這樣的怯懦，他沒有勇氣面對現實，他只有逃避。

我這人的心胸並不寬闊，我是記仇的。但是我只要一句對不起，一切就都一筆勾銷了。唯一向我明確說了這句話的是李家祥同學。他和我既是高中也是初中的同班同學。一九八七年初中同學在別離了三十二年後的首次聚會上，一個叫肖琳琳的女同學問我：「許文逸，你成績那樣好，為什麼後來沒有讀大學呢？」我當即指著站在我身邊的李家祥說：「你問他吧，他最清楚。」

李當年是班上的團支委，批鬥我時是很積極的。在那次聚會上，李後來找了一個機會，對我說：「對不起，當年自己不懂事，對不起了。」我說：「一切都過去了，那時我們都太年輕。」我接受了他的道歉。

有人還告訴了我一件事：一個在南寧一所中學教英語的女同學，對人說，她不好意思見許文逸，當年太對不起他。那時她也是一個團幹部，她雖然只是對別人這樣說了，但我從內心是已經原諒了她。她能這樣說，就表明了她的良知未滅。

前幾年，班上一個姓吳的女同學，經過不少的周折，打聽到我的住址，和她丈夫來到我家裡。這是她幾十年來第一次到我家裡作客。當年她是一個除了讀書，什麼閒事都不管的人。班上的女生中她的學習成績是較好的。大學畢業後，在桂林一所中學教物理。吃飯時她對我的妻子說：「許文逸太優秀了，當年他是我的偶像。」我聽了，唯一的感覺是意外和吃驚。

又過了十幾天，同學們都忙於複習功課，準備畢業考和高考。一天班主任通知我叫我參加畢業考，我說：「我都這樣子了，畢業考還有什麼意義？」這確實是我的真心話，但我也是想借此試探一下對我的處理。班主任卻不露山不露水的說：「還是考一考吧。」於是我和同班的同學一道參加了高中的畢業考試。儘管我已經一個多月沒有摸書本，功課的事彷彿已從我的腦海裡消失了。但我驚訝的發現，這樣的考試依然是輕而易舉。不就是畢業考嗎？考及格就行了，考試時我計算著成績，夠了及格分我就停筆交卷，其餘的題目就不再做。我總是第一個交卷，往往用不到一半的時間，甚至用不到三分之一的時間。這是我的傲氣，一方面是發洩我心中的憤恨與不滿——我許文逸是鬥不垮的。另一方面我要給你們看一看我扎實的知識功底。記得俄語考試卷中有一道俄文問答題：中學就要畢業了，你將來的理想是什麼？我用俄文答道：現在我是一個壞分子，我的一切都完了。我哪裡還有什麼理想？其悲憤與絕望之情毫無掩飾。

我們這些壞分子們也沒有人管了，只是等待處理。既然已沒有了任何幻想，心已經死了，還待在學校幹什麼？

一九五八年六月中旬的一個晚上，我和同是高三的隔壁班另兩名「壞分子」蔡寶鵬和周大永，從學校的側門悄悄的離開了桂林中學。那時，學校在郊區，幾乎所有的學生都是寄宿生。

暗黑的天空，沒有星星，也沒有月亮。遠處的山巒，近處的稀零村落，都彷彿熔化在這無盡的暗夜之中。天氣悶熱得使人透不過氣來，天邊傳來隱隱的雷聲。世上的一切彷彿都死去了，連一絲風的聲音也沒有。只是那田野裡唧唧的蟲鳴，才使人感到生命的存在。

我們背著簡單的行李，走過彎曲的田間小徑，終於走到郊區的馬路上。在兩行整齊的大樹之間，一條灰暗的大道向著迷濛的前方。我們都不由自主的停下了腳步，最後一次回首，遙望著那山腳下閃爍的熟悉燈光。那兒的每一間教室，走廊，每一棵綠蔭的樹木和那樹下的石凳，我們是多麼的熟悉啊。

此時，昔日的同窗正在教室裡緊張的複習功課，為即將到來的高考進行最後的衝刺。多少年來，為了這一天，我付出了艱苦的努力。我也確信，我一定會考上理想的大學。然而，這一切都付之東流了。在這人生關鍵的十字路口，卻遭到如此致命的一擊。未來的路在何方？無盡痛苦與酸楚湧上心頭，一滴眼淚禁不住從眼角流出。

這條郊區的公路，這座江上的小橋，我們曾多少次的走過，同學們三五一群，一路上暢談人生的理想。就在這座石橋的欄杆旁，兩個月前，我和劉同學走過這裡時，我們還曾駐足片刻。看著橋下緩緩流動的江水，蜿蜒曲折，消失在迷茫的遠方。那時，我的心中湧動著對未來美好的憧憬。

做夢也沒有想到，結局竟然是這樣的悲慘！

永別了，桂林中學！從一個乳聲未脫的少兒開始，我在你的懷抱裡生活了整整的六年。你見證了我多少童年的歡樂，多少成長的煩惱！你應該知道，我曾經是那麼用功的學習，貪婪的汲取知識；我是那麼的單純，充滿朝氣與激情，對未來滿懷著理想。今天，一切都破滅了。你一腳把我踢走，你是這樣的兇狠，這樣的無情。我人生的路才剛剛開始，我到底犯下了什麼十惡不赦的大罪，你不能給我一條出路？一個改正的機會？

一個迅疾的閃電，劃破了暗黑的夜空。我們真想大哭一場。

涼風呼嘯而來，樹葉嘩嘩作響。大雨終於下了起來。

周大永同學在一個親戚家借住了兩天，就回老家江西南昌農村去了。記得，大永走時，是我送他上的火車，當時我傾其所有把身上僅有的五塊錢給了他，望他一路保重。兩人是滿臉的淒苦與茫然。看著他瘦小的身軀提著行李消失在車廂擁擠人群中，我感到自己已經控制不住，眼淚流滿了我的面頰。我為大永哭泣，也為我的命運哭泣。此去一別，是否還會有相聚之日？道路艱險，關山萬重，未來又是什麼在等著我們？

整整三十年後我和大永才得以重逢。當年的風華少年，圓圓的臉龐，一雙機靈智慧的眼睛，閃動著俏皮的光。此時，已成了又黑又瘦的老頭。要知道，此時，大永還只有四十八歲啊！我怎麼看，也看不出一絲他當年的影子，他被徹底的「脫胎換骨」改造成完完全全的另一個人了。他受的處分是開除，家裡又是地主，很快就被戴上「帽子」，受盡了世間的屈辱。他住過廢棄的窯洞，真正的與牛為伴的牛棚，以及山間難擋風雨的草屋。最多時一年搬過七次家。每當政治運動來臨，他這樣一個壞分子兼「小地主」總是難逃厄運，群眾大會上挨鬥，已是家常便飯。還要被強令做最苦最累的活。過的簡直就不是人的生活，甚至連牛馬都不如。當時，我曾填詞一首，現錄於後：

江城子　與大永兄重逢感懷（並序）

一九八八年八月十七日，大永自贛來桂。五八年一別，整整三十年矣。遙憶當年，吾與大永在桂中求學，同遭迫害離校。自此天各一方，備受磨難。今日一見，又是別離，相會之期，料是何年。一九八八年九月十七日記。

少年識盡愁滋味，多少事，辛酸淚。天涯浪跡，回首心猶碎。世間公理今安在？人遭踐，魍魎貴。

執手凝眸覓當年，圓胖臉，笑渦甜。憔悴如斯，唯有心彌剛。萬般悲憤憑誰訴，明月夜，小山莊。

當時，幾個當年學校的「壞分子」：周大永，蔡寶鵬，王清生和我，曾打算到學校去鬧一場，或者到當年的校長駱醒民家當面去質問他，痛罵他一頓。對此最為積極的是王清生，表示非要出這口惡氣。大永卻是目光呆滯，默不出聲。半晌，他才喃喃自語般的說道：「還有這必要嗎？又能解決什麼？」我也表示，出口氣，沒有什麼意義。寶貴的青春，一生的理想與幸福，都被葬送，出口氣也僅僅是出口氣，對於我們這一輩子所遭受的災難、痛苦與損失，能夠抵償於萬分之一嗎？

最終，我們是什麼地方也沒有去。我們早已過了「出口氣」的年紀。

作為一個時代的罪惡幫兇，駱醒民之流必然將被永遠釘在歷史的恥辱柱上。

在大永的身上，長期的磨難與生活的重壓，早已奪去了他身上原有的生氣和機靈，除了一顆深藏的頑強的心，彷彿一切都死去了。

兩年後，大永因胃癌病逝於江西，年僅五十歲。又過了些年，寶鵬，清生也相繼去世。四人中只我一人尚苟且於這苦難的世間。

大永去世後一個月，我收到他兒子寄來的大永自書的絕筆信。信的開頭是：「我終於將離開這個並不溫馨的世界。所有的磨難，悲傷與痛苦都結束了……」歪斜不齊的字跡，透發著剛勁，彷彿在吶喊，在控訴，控訴這黑暗的人間。

嗚呼！吾友！你短暫的一生承載了太多的辛酸與磨難，蒼天是何其的不公。願你的靈魂在天國得到安息。

這場轟轟烈烈的「反歪風邪氣」運動，桂林中學到底有多少學生受到迫害，由於當時我身處運動的漩渦，我沒有一個準確的數字。但有一點是很肯定的：大部分的班級都揪出了「壞分子」。高三年級我很清楚，高三共五個班，只有第三十九班沒有，其餘幾個班「壞分子」情況如下：

第四十班　周大永開除學籍
王清生留校查看
諸葛書養開除學籍

第四十一班　劉鵬遂留校查看

第四十二班　蔡寶鵬開除學籍

江運州留校及留團查看

第四十三班　許文逸開除學籍開除團籍

周治濤開除學籍

這些同學都被定為政治不及格，剝奪了考大學的資格。高一和高二共有二十個班，該有多少壞分子？

最小的同學當是初中三年級的黃安烈，我想，這時他應該只有十五、六歲。這是一個從印尼歸國的華僑學生。我並不認識黃安烈。他在全校的大會上遭批鬥，被公安局當場抓走，後被判刑八年。這給我留下了深刻的記憶。批鬥大會上說他是煽動班上同學，上課時故意和老師吵鬧，製造混亂，並揚言要用相機照下來，寄到海外，讓外國人看一看中國教育的現狀。實際上，課堂上的混亂是製造了，但根本就沒有照過什麼相，更不要說什麼寄到海外的事了。就為這樣的一點小事，一個還在讀初中的小孩，因為上課時的淘氣搗蛋，居然會被判刑八年勞動改造。在二十世紀五十年代的中國，其刑罰之重、之苛嚴，在世界上真可謂空前絕後。這樣的暴政是現代中國的恥辱。

早就聽說黃安烈現在桂林郊區的華僑農場。前些日子，為了寫這本書，我特意到華僑農場找他。想向他較詳細的瞭解一下當年發生的事情，到底是怎麼回事。汽車穿過喧囂的城市，在寧靜的鄉間路上奔馳。一路上我在盤算著見到黃安烈，該怎樣介紹我自己呢？因為他並不認識我，我也不認識他，只知道有這樣一個人。到了農場，幾經打聽，知道他已在四年前去世了。年紀輕一些的，根本不知道有其人。就是年紀五六十歲的，也完全不瞭解在五十多年前，在他身上曾經發生過這樣的悲劇。他就這樣悄無聲息的走了，彷彿他壓根兒就沒有來過這世界。當年還是一個少兒的他，隨同家人漂洋過海歷盡艱辛，回到自己的祖國，他是絕不會想到，他竟然是會如此悲慘淒苦的度過一生。我很後悔，我應該早一點來。我後悔我沒有在五年前動手寫這本書。在坐車返城的路上，無名的悲戚壓得我透不過氣來，心情久久不能平靜。

後來，我偶遇一位當年的獄友。這位獄友當年曾在桂林市公安局工作，具有戲劇性的是當年抓黃安烈，是他親自開一輛吉普車到學校抓的。幾個月以後，他自己也出了事成了階下囚。他告訴我，他還曾經和黃安烈同在一個車間，一個小組。黃當時是在桂林監獄三車間開車床，我是在五車間做鉗工，我們雖然是校友，但我在高中三年級，他是初中三年級，互相並不認識，所以儘管同在一個監獄，我卻不知道他就在旁邊的車間。這位獄友還告訴我，黃安烈服滿八年刑期後，確實是到桂林華僑農場去了。一九八〇年黃安烈得到平反。平反後，調到農場的工會幹點閒差。這期間，他還和黃安烈打過幾次交道。

一九七九年，我曾回學校想瞭解一下到底有多少學生受到過處理，但負責人說，學校幾經搬遷，又經過文化大革命的動盪，當年的資料已無從查找了。這些同學的年紀有多大，應該很容易算得出，畢竟只是一個中學生。最大的十八九歲，最小的只有十五六歲。

人們也許知道一九五七年的反右，官方公佈的右派人數是五十五萬，但不一定知道在南方的一個小城的一所中學裡，居然有一群十五到十八歲的叫作「壞分子」的小右派。

這些被揪出的「壞分子」們，有的是因為一些瑣事調皮搗蛋，有的是因為說了些自作聰明的幼稚的「高論」，甚至是因為一句玩笑的話。這些都被無限的上綱上線，統統被定為政治不及格，或被勞改、勞教，或被開除，或被留校查看。在他們如此年幼的時候，苦難的歲月已在等待著他們。在當時的社會氛圍下，註定了他們青春歲月必然的悲慘。一輩子就這樣被毀了。

二十一年後的一九七九年，這時，中國的政治形勢開始有所解凍，平反冤假錯案的工作正在逐步展開。一天晚上，我找到駱醒民校長的家，此時，他早已貴為桂林市教育局的局長了。他那微胖的臉龐，儘管保養得是紅光滿面，但歲月的滄桑還是無情地寫在了他的臉上。在短暫的驚詫後，大約當年我是太壞，給了這位校長大人太深的印象，他很快就認出了我，並準確地說出了我的名字。（我真佩服他的記性，就像佩服他當年演技的精湛。）當我說明了來意後，他問我，你的問題是否和「藍旗黨」有關係？我說，沒有一點關係。這時，他極爽快的說：「你完全可以平反。明天桂中的校長要來教育局開會的，我跟他說一下。事情很快會解決的。你的問題早就可以來找我了。」我說：「早就可以來找你？說得多輕鬆！二十多年前，桂林中學早把我整得沒有一點膽氣了。當年為什麼把我們搞得這樣慘？我們只是一個中學生啊！一生就這樣的被葬送了。」

這位局長大人竟然沒有絲毫愧疚地說：「上面叫搞，學校也沒有辦法。後來文化大革命時，我不是也挨整了嗎？我掃了好久的廁所呢。」

啊啊，我尊敬的校長大人，你是如此的清白，道德是如此的高尚，你的那雙溫潤的手是這樣的潔淨，但我想問校長大人一句：作為老師，你難道不瞭解自己的學生嗎？這些學生難道就壞得非要採取如此殘酷而嚴厲的方式嗎？就算上面叫搞，你不能如魯迅般的去保護學生，你總可以手下留點情罷？現在，你把一切都推得乾乾淨淨，你就是這樣的清白嗎？

根據二戰後一九四六年確立的國際公法紐倫堡原則：「我只是服從上級的命令並不是正當理由。」「依據政府或其上級命令行事的人，假如他能進行道德選擇的話，不能免除其國際法上的責任。」一九九一年統一後的德國法庭審判了兩個原東德的哨兵，他們曾槍殺了正在翻越柏林牆的東德公民，法官駁斥了哨兵的「我只是執行上級命令」的辯解，法官說：「你的良心應該能告訴你，你只要把槍口抬高一寸，就可以放過這條生命。」法庭最後判定他們有罪。

我們的校長大人應該能預見到，他「只要把槍口抬高一寸」，這些孩子今後的命運和人生就會完全是另一個樣子。

再說了，你不把情況反映上去，上面又怎麼知道？這麼多的中學生受到打擊和迫害，你作為一個直接的打手，親手把所謂「藍旗黨」的趙繼武等同學送進了勞改營，把年幼的華僑學生黃安烈送進了勞改營，你葬送了幾十名同學的一生，難道不應該承擔責任嗎？他們都是一些未成年的孩子，還是如此的年幼啊。把他們整得這樣的慘，你還有一點點的惻隱之心和良知嗎？還有，當年桂林市為什麼單單只有桂林中學一所中學搞了這樣的運動？而其它的學校都沒有搞？你在策劃和實施這場大迫害的運動中起的作用是無論如何也推卸不了的。文革中你被整了，但你今天依然貴為教育局長。（學校的那場運動後你很快就升官了。）而這些中學生的一生卻是全都毀了，那正是他們人生的十字路口啊。臨走時，我說了，駱校長難道還認為處理「藍旗黨」是正確的嗎？幾個十六七歲的中學生想要統治全世界，駱校長不覺得荒唐可笑嗎？「藍旗黨」的平反也是遲早的事。校長大人沒有吱聲。幾十年過去了，校長大人那泯滅了的良知依舊在沉睡。

在中國這樣一個沒有宗教的國家，人們從來沒有懺悔的習慣，人們的心裡沒有內疚感和罪惡感。這就導致了社會上人性普遍的冷漠和殘忍。這就不難解釋為什麼沒有一個在文化大革命中辱罵，毆打過自己老師的紅衛兵站出來懺悔，也沒有一個當今的官員為自己工作的嚴重失誤或其他的醜聞而引咎辭職的事了。中國只有迷信，不迷信鬼神就迷信人。這是一個可悲的民族。

大約半個月後，我從學校得到了一紙手寫的蓋了公章的極為簡單的公文，原文如下：

關於撤銷一九五八年對許文逸同志　開除團籍、學籍處分的決定

許文逸同志一九五八年在桂林中學高中部四十三班學習，由於當時在學校大鳴大放中認識上存在片面性，於一九五八年五月被開除團籍、學籍。現經複

查，當時給許文逸同志開除團籍、學籍的處分是不恰當的，現予以撤銷。

桂林中學一九七九年六月十五日

一切就這樣的簡單，這樣的輕描淡寫。一個中學生寶貴的青春被無情的蹂躪和踐踏，一生被葬送，就這樣幾句話打發了。學校沒有一點責任，沒有半句道歉的話，錯的還是我，誰叫我「認識片面」呢？

我對這位學校的負責人說：「我的認識怎樣片面了？我在大鳴大放中沒有寫過一張大字報。請問，我鳴放了什麼？」他說：「事情過去幾十年了，學校搬遷了幾次，很多材料都找不到了。現在只能這樣寫了。我們也沒有辦法。」我說：「我的材料都找不到了，你們怎麼複查？」他說：「我們找到了一份當年你被開除處分的佈告。就根據這個來確定名單，當然，所有的人的處分都將撤銷。」這位負責人還說，如果需要，可以給我補發一個高中的畢業證書。聽了這話，一股憤怒的血突然湧上我的腦袋，我感到全身有些戰慄，我盡力的控制住自己，才沒有拍起桌子發作起來。二十多年過去了，現在來給我補發我早就本該得到的畢業證書，我的寶貴的青春年華，你補得了嗎？二十多年來，我遭受的屈辱與磨難，你補得了嗎？你們誰來承擔了哪怕是一點點的責任？這一切，豈是這一紙證書能打發的？補發畢業證書，我是不是還得感謝這「恩賜」了？

我斷然拒絕了。然而，我又能向誰去申訴？

當時國內的政治氛圍還不是很明朗，人們對一些問題的看法，遠沒有今天清晰。撥亂反正，平反冤假錯案尚剛剛開始。按照今天的觀點，這樣的所謂的「撤銷處分決定」簡直是荒唐可笑。毫無疑問是教育局對此已作了交代，這份所謂的決定就是秉承駱醒民的旨意寫的，要知道這時的教育局長駱醒民正是桂林中學當年事件的始作俑者。

後來作為申訴的材料一部分，我把這份改正通知交給了桂林市中級人民法院。

苦難人間

家裡我一天也待不下去了。母親憂傷的眼，時時掛著未乾的淚痕。鄰居們用疑惑的目光打量著我。上世紀五十年代，在人們的心目中，一個被批鬥，被開除的人，其問題的嚴重性與可怕，無疑比今日人們說的勞改犯還要過之十倍。

「聽說，成了小右派？」

「我看是有問題。為什麼不考大學？」

「唉，真沒想到，知人知面不知心……」

一個星期之後，我報名參加了一個採礦隊，到離城十餘里的一座大山開採鐵礦石。

一九五八年，經過反右後的中國，到處彌漫著狂熱。畝產千斤糧食早是落後的新聞，畝產萬斤很快也過時了，廣西環江縣終於爆出了畝產十三萬斤稻穀的特大「衛星」。中央新聞紀錄電影製片廠現場拍攝了紀錄片，片中一個胖乎乎的小男孩穩當當地坐在田間生長著的稻穀頂上，張著小嘴甜甜的笑。

信奉唯物主義的共產黨完全拋棄了客觀物質世界的規律和事實，喊出了徹底唯心主義的「人有多大膽，地有多大產」、「沒有萬斤的思想，就沒有萬斤的收穫」的口號。

一個中年農民曾和我激烈的辯論。他說，除了他親自到現場看了，否則，打死他他也不相信。他說，十三萬斤稻穀，鋪在地上就該是多厚的一層？我說，報紙上登了，還拍了紀錄片，你還不信？這難道還能造假？如今想來，我和這位農民老兄的看法雖然完全不同，但都是純樸的。他相信的是一個普通的常識，一個簡單的真理，這個真理的得來是緣自他幾十年的耕耘實踐，他當然不能相信在一張普通飯桌大小的土地上，能長出兩百斤稻穀的神話。而我，一個接受了十二年教育，應該說是具備了一定的科學文化知識的人，卻相信了這荒唐的神話，因為我更相信我們偉大的黨，儘管我已經被我最信賴、並打算為它獻出自己的一切甚至生命的黨所唾棄，（那時，我一直認為，我的遭遇與受到的不公處理完全只是桂林中學一手造成的。）但我仍然相信共產黨的光榮和正確是不容質疑的，它絕不可能製造如此的彌天大謊。我的這個看法的得來是緣自多年來我受到的教育。

幾十年以後，當謊言與欺騙在中國已成為司空見慣。誠信，這個社會的基本道德，彷彿已成為極其遙遠的星光，人們不得不冷靜的思索：這一切是因為了什麼？是誰在一次又一次地把中國人殘存的最後的一點良知與真誠撕得粉碎？

經過一九五七年的反右，已沒有人敢講真話。「上用目，則下飾觀；上用耳，則下飾聲。」（韓非子）中國真是「萬馬齊喑究可哀」了。然而，「上有所好，下必甚焉。」一些御用的無恥文人描繪出了令人心潮澎湃激動不已的美景：「如此多的糧食囤放哪兒啊？只有大規模的減少糧食的種植面積。這些空出的土地又拿來幹什麼啊？種花，對，以後中國大地上到處是花的芬芳，中國就是一座碩大無比的大花園。」當時的上海市委書記柯慶施就寫過這樣充滿激情和浪漫色彩的文章。

一九五八年八月，毛澤東在視察河北省徐水縣時，看到那精心準備了一個星期的一派豐收的景象，紅旗招展，爐火熊熊。縣委書記滔滔不絕的介紹充滿了「人有多大膽，地有多大產」的想像。毛澤東，這個農民的兒子聽了，一定是有些激動了，說：「這麼多的糧食吃不完怎麼辦？糧食多了，以後就少種地，一天幹半天的活，另半天搞文化，學科學，鬧文化娛樂，辦大學，辦中學，你們看好吧？」

嚴酷的精神控制與打壓下，中國人或自覺或不自覺的瘋狂了，沒有瘋的麻木了，癡呆了，沉默了，剩下那些像天真小孩一樣的脫口說出了真情——啊！皇帝沒有穿衣服啊！——的人，大都進了勞改營，從此銷聲匿跡。我們共和國的元帥彭大將軍也未能倖免。

這場轟轟烈烈的全國性造假狂熱，給農業的打擊是致命的。從一九五九年到一九六一年，糧食連年大幅度減產，但各地的領導們對上隱瞞，浮誇虛報。於是農村發生抄家搶糧，拆鍋砸灶……

而當大飢荒席捲而來，餓殍遍野的時候，宣傳機器卻把這悲慘的一切歸罪於自然災害，歸罪於「蘇修」的逼債。絕大部分的中國人對這說法是深信不疑。人們詛咒可恨的老天和痛罵「蘇修」的背信棄義。直到今天，網絡上還有不少評論說，大飢荒之說是造謠，是謊言。我們可敬的CCTV提及那段歷史，也總是恬不知恥公然撒謊的說：「三年自然災害……」我深感悲哀之時，不能不對兩位先生和他們的驚世之言肅然起敬，他們真是一語道破了世間的萬象與玄機。一個是文學大師曹雪芹說的：「假作真時真亦假，無為有處有還無。」另一個是那位納粹的宣傳大師戈培爾的名言：「謊言重複一千遍就成了真理。」

關於這場飢荒，近年來已有不少的著述出版。然而官方的媒體卻依然保持著沉默，中國最大的媒體中央電視臺依然在公然撒謊。三千多萬條人命哪！這是一個多麼觸目驚心的數字！至今沒有一個真實的交代，怎不叫人心寒齒冷？一邊在高喊著要建立誠信社會，一邊在撒謊，真是莫大的諷刺和笑話。人民可以不追究過去，但歷史必須還原它的真實。在當今的中國，正是政府公信力的缺失，出爾反爾，指驢為馬，才導致了整個社會誠信的缺失和道德普遍的淪喪。當一個單純誠實的青年滿懷著美好的想像步入社會，他會逐漸地發現他過去受到的教育竟然有如此多的謊言和欺騙，他還會相信那些說教的鬼話嗎？還能指望他以誠信來回報這社會嗎？

十五年超英趕美已是太落後，口號最後成了三年超英國，五年趕美國。共產主義社會已是指日可待伸手可及的事情了。那時的中國，正在經歷著「一天等於二十年」的偉大時代。中國的領袖毛澤東是「浮想聯翩」，詩情大發，「紅雨隨心翻作浪」、「青山著意化為橋」，帶領全國人民奔向那就擺在面前、近在咫尺的共產主義康莊大道。

全民煉鋼鐵，到處是土高爐。連一向靜謐、莊重的宋慶齡的家院子裡都建起了土高爐。全國數以百萬計的冒著黑煙的土高爐，那熊熊的火焰在無情的燃燒，吞噬著這個古老國家僅存的資源……

於是，當有人說桂林近郊的堯山有鐵礦時，這個天大的發現，使市政府的官員一定程度是激動不已，以「大躍進」的速度馬上組織了這支採礦的隊伍。

一九五八年七月二十二日，我夾在兩百多人的隊伍中向十餘里外的堯山走去。天上沒有一絲雲彩，酷熱的驕陽火一般的烤著大地。人們挑著行李，還有鎬、筐之類的勞動工具。都是些二十歲左右的年輕人，最大的估計也沒有四十歲。隊伍熙熙攘攘，沒走多久，我已經是渾身汗水淋淋了。

幾個月前，我做夢也不會想到，我是這樣的一腳踏入了社會。

採礦隊一部分住在山腰的一個廢棄的廟宇裡，一部分住在山腳自己搭建的簡易工棚裡，還有一部分（基本上是女的）住在山腳一個叫茅庵的兩進庵子裡。我被分配住在山腰的破廟裡。沒有床，也沒有床板。在地上鋪上禾草，上面放張草席，就成了床。人們一個個緊緊地挨著。山上潮氣重，要不了一星期，地上的禾草就發霉了。有幾個膽大又足智多謀的好漢，便架了梯子爬上屋樑，睡在用繩子編成的吊床上。很像電影中的水手床。大多數的人都沒有這樣的膽量，除了羡慕，便是戲稱他們為「樑上君子」。

在廟宇的門前，有大約半畝的水田，這就是有名的「天賜田」。山腰上有一眼泉水，終年不斷，可以灌溉，亦可飲用。泉水甘甜，絕無污染。以後的日子，我們都是生喝這泉水，感覺特別爽口，以致回到城裡已經喝不慣那白開水了。聽人說，十幾年前，這廟裡住著好些和尚，常年有善男信女來燒香拜佛。每年農曆二月初八，相傳是壽佛的誕辰，桂林的民眾都時興到堯山趕廟會。人們扶老攜幼，熙熙攘攘，車水馬龍，好不熱鬧。於今，只有這凋零的破廟，見證著這裡的興衰。

這是一座高約五六百米，綿延七八里的大土嶺。山坡上長滿低矮的松樹，樹下覆蓋著一層絨被般的蕨類植物和一叢叢錯雜的灌木。許多不知名的野花：殷紅的，粉白的，淡紫的，頑強地從這擁擠的植物世界裡探出頭來，在微微的山風中輕輕擺動。開採的地點要翻過山頂。每天早上滿天的星星還在天上眨眼，起床的哨聲就劃破山中凌晨的寂靜。人們摸著黑匆匆的洗漱，大口的咽下一大碗米飯後就上工了。

此時山中霧氣依舊很濃，十幾步外就什麼也看不清了。走了四十分鐘到達山頂，再走兩里多路，才到達礦區。這時，天空慢慢地明亮起來，東方的天邊開始透出殷紅的朝霞。一天緊張的勞動開始了。

這是完完全全的露天開採。挖去約一米厚的表土，那稍顯紫色的鐵礦石就露了出來。人們揮舞著十字鎬，用鋼釺把混雜在泥層裡的礦石撬出來。汗流浹背，精疲力倦。那沉重的十字鎬，舉了十來下，手就抬不起來了，這還是最輕的活。挑礦每擔都是百斤以上，從開採的地方挑到山口，有兩里多。有人記數，每天必須完成規定的定額。上下午中間各有一次短暫的幾分鐘休息，每當擔子一撂人往地上一躺，好幾次我竟然在熾熱的陽光下呼呼睡著了。還有一次我不僅是睡著了，而且是睡在一截折斷的尖尖的灌木枝上，醒來時才感到臀部的疼痛。可見人是多麼的疲勞。

當一百多斤重的擔子第一次壓在肩上，肩膀是火辣辣的疼痛。收工以後洗澡水澆上都感到一陣戰慄般的疼痛。第二天第三天肩膀已經紅腫起來，疼痛更加劇烈。扁擔一放上去，就是鑽心般的痛，淚水都不禁流了出來。然而，我又能怎樣呢？全國都在大躍進，請假是不可能的，筐子裡的礦石重量也不能減少。命運既然已經註定我必定要到地獄打上一轉，我只有咬緊牙關堅持。一星期後，我終於熬過了這最艱難的一關。

中午的陽光火一般的烤在身上。我足蹬草鞋，赤著上身，下穿短褲，連草帽都不戴。心中憤憤地想：看你能把我烤焦！什麼批鬥，什麼開除，我統統不怕！大學，讓你們去上吧，我就在這荒山野嶺中挑礦，挑一輩子的礦，挑死了拉倒！——這是我的心靈在悲慟地哭喊，在無奈地掙扎。

這時，我未滿十八歲，也從未經歷如此繁重的勞動。又過了一個星期，我成了一塊黑炭。在勞動的人流中，從外形到衣著，我已經成了一個不折不扣的彷彿已經幹了多年的苦力工。幾個月前我還是一個皮膚白淨、舉止文雅的中學生，現在，人們從我的身上，是再也看不到一絲學生的影子了。勞動，真是能改造人啊，它能迅速地改造一個人的外形，但人的內心的改造卻是一個漫長的過程，也許是一個永遠不可能的過程。

在挑礦的人流中，有一個人引起了我的注意。他大約二十七八歲，一張棱角分明的臉，高而挺直的鼻樑，一雙深凹的大大的眼睛使削瘦的身材顯得更加單薄。他那挑擔子的奇特姿勢，一看就知道這一輩子他是沒有挑過擔子的。他僵硬的腰像是撐著一塊鐵板，死死的一動不動，扁擔直挺挺的架在肩上，也是一動不動，兩隻手卻使勁地把住扁擔的前端，彷彿扛著一門小炮。

他從來不和任何人交談。他頭戴草帽，身穿長衣短褲，儘管全身早已被汗水浸透，但就是不脫衣服。他總是沉默著，不吭一聲。人們休息，他不休息——即使這樣，他也很難完成勞動定額。

這是一個典型的從沒有經歷過體力勞動的書生形象。我猜想，他一定也是有著難言的傷痛。否則，跑來這裡幹什麼？後來，從旁人的口中，知道了他果然是一個右派。再後來，我知道了他居然是我中學一位同學的同胞的兄長。

他姓劉，原是湖南一所中學的語文教師，他每個星期還兼開一堂政治時事的大課，很得學生們的歡迎。不知他是對政治特別敏感還是喜歡信口開河，熱衷標新立異之說，一九五七年時，他居然已經看出當時的蘇聯領導人赫魯曉夫這人不「地道」，有野心。在與同事們的閒談中，表露出對赫魯曉夫的言行頗有微詞。當時，蘇聯可是我們的老大哥，中國對蘇聯是「一邊倒」。大會小會報紙上說的是「蘇聯的今天就是我們的明天」，任何對蘇聯的批評和指責，都是絕對不允許的、嚴重的政治問題。你膽敢反蘇，這還了得？此君平日鋒芒畢露，能言善辯。待人接物，又僵硬死板，很得罪了一些基層的頭面人物，戴個右派的帽子就順理成章了。幾年以後，中蘇兩黨的分歧公開爆發，中共發表了《九評蘇共中央的公開信》，開始了對「蘇修」的猛烈抨擊和批判，其中第九評《關於赫魯曉夫的假共產主義及其在世界歷史上的教訓》，明確指出赫魯曉夫是掛著馬列主義招牌的修正主義者。可見，這位老兄其實並不右，而是左得有點可愛的人。但帽子一旦戴上，想要取下來，可就不那麼容易了。對蘇聯這一條就算你錯誤不大，你其他的問題還多著呢，你想翻案？做你的白日夢去吧。

中國的事總是有點奇怪，從一評到九評，我們的報紙連篇累牘把老修罵了一年多，批得體無完膚。但老修的那篇公開信內容，我們的報紙卻始終沒有公開。中國人聽到的只有一個慷慨激昂的聲音。而幾十年後的今天，中國的社會早已是比老修更老修了。今天，我們又該如何來評論當年的這場論戰？

採礦隊解散後，他到了一家磚廠，依然是從事重體力的活兒。直到年近五十，始獲改正。十多年前，我到一家民主黨派辦的職業學校辦點事，遇到了他。敘及當年，他還記得起我。他的身體是更加瘦弱了，頭髮已經完全花白。他依舊保留著當年的性格，似乎不打算與我多談。那時，他在那所學校幹點事務性的雜活——他的教書生涯早已經被葬送了。他的一生，是那個年代中國無數的知識分子命運寫照。

傍晚，我躺在山坡的草地上，涼爽的山風輕輕地拂過樹梢，發出沙沙喧響。另一個聲音幽幽傳來，是如此真切，彷彿就在眼前；又如此細微，縹遠，這是不遠處山泉潺潺的水聲。看著西邊天空的晚霞一寸一寸慢慢地消逝，那遠遠城市的燈光一點一點的亮了起來。想起了郭沫若早年的〈天上的街市〉：

遠遠的街燈亮了
好像是閃著無數的明星
天上的明星現了
好像是點著無數的街燈
……

我曾經多少次想像這首詩美麗而深遠的意境。眼前的此景是如此貼切，此情卻是這般的蒼涼。

一輪清輝的明月從山的那邊升起來了。連綿起伏的山巒映襯在無際而烏藍的蒼穹下，彷彿獸脊躍動的剪影。山腳下的田野，散亂著新割的稻束。田野旁小小的村莊，村莊裡低矮的農舍，農舍旁那一簇簇密集的如同牆壘般的灌木，都沐浴在這夢一般的朦朧月色中。這清冷的景色，是多麼的恬靜，多麼的美好。

往事歷歷在目：課堂上緊張的考試，運動場激烈的比賽，美麗的榕湖之濱，歡聲笑語，我們在做著擊鼓傳球的遊戲；春日集體郊遊，在樹林裡綠茵的草地上，我為同學們背誦普希金的長詩〈致大海〉：

再見吧，自由的元素
這是你最後一次在我的眼前
滾動著蔚藍色的波濤
和閃動著驕傲的美色
好像是朋友的憂鬱的怨訴
好像是他在別離時的呼喚
……

那時，我的心中是一片金色的陽光。

此刻，我的心中充滿了痛楚與悲涼。

淚水浸潤了我的眼眶。而眼前這令人浮想與遐思的良宵美景，只是更加增添了我的愁緒。恰如李後主的：

永別了，我的學生時代。永別了，我那曾經的彩色的夢。

我在心中反復地叨念著貝多芬的名言：「我要扼住命運的喉嚨，而絕不被命運所折服。」許文逸啊，無論如何你也得堅持下去。牛虻在南美十三年，瘸著那條被人打得殘破的腿到處流浪，做最下賤最屈辱的苦工，他還得忍受他最心愛的姑娘由於誤解而給他感情上的致命一擊，所有這一切都沒能使他屈服——以他超人的勇氣和非凡的毅力。我不是一個懦夫，我要堅強起來。從我被學校野蠻趕出的那一刻開始，過去的許文逸已經死去。我發誓，我要在血與火的煉獄中開始我新的生命。什麼樣的日子我都要熬下去。

為了把礦石運下山，採礦隊的領導決定建一條索道。一個姓蔣的號稱是工程師的老兄帶著十幾個人忙碌了起來。我也被叫去搞了幾天。沒有任何的計算，也沒有哪怕是極其簡單的設計圖紙。蔣工程師叫我們把幾股鐵絲（好像是五股或七股）像辮子一樣的絞起來。問題是現場安裝時，絞好的鐵絲一繃緊就斷。折騰了近一個月，還是一事無成。現在想來，當初為什麼不用鋼絲繩呢？有四十多度的坡度，每筐礦石的重量不到一百斤，以我現在的能力，我敢說這實在不是一個太複雜的工程。

索道搞不成，隊領導決定挖一條一米深一米寬的溝，從山頂直通山腳，把礦石滾下來。一百多人從上到下排成一字長龍，完完全全的立體作業。土層裡夾著的石頭，大的有百十來斤，有時沒有控制好，就往山下滾。那場面真是驚心動魄。由於有加速度，滾石的速度越來越快，碰到凸起就會彈起老高，而且，方向會亂變。上面的人大聲叫著：注意！石頭來了！下面的人就左閃右跳的躲。很難想像，現在有哪一位領導敢這樣指揮生產了。在那樣一個創造奇跡的年代，一條運輸的壕溝就這樣的挖成了，居然奇跡般的沒砸死一個人。

溝是挖成了，往下滾的礦石卻並不聽話。因為溝底不是如玻璃般的平滑，礦石也不是如圓球般的規整，碰到一點凹凸起就彈起亂飛，結果，礦石還在半路就飛得滿山坡都是。在那個年代，無所謂科學論證，無所謂周密計劃，無所謂安全生產，更不需要考慮生產成本，什麼事情都是幹了再說。

機械化失敗了。煉鐵急著要礦石。怎麼辦？在一番瞎折騰失敗之後，還有一招最可靠，最有效的辦法：有人呢。於是一個用人挑礦石下山的方案宣佈了：全體總動員，不管男女老少，每人每天的定額是三擔。最起碼的重量是多少我已經忘了。我記得分為甲乙丙三等，每等又有一二兩級。不同的級別領不同的工資。當時，我是甲等二級，每擔的重量是一百零五到一百一十斤。每月的工資是三十八元。

崎嶇的山路，彎彎曲曲，從山頂到山腳來回一趟就是十餘里。今天，我實在想像不出我這樣一個肩不能挑，手不能提的書生，僅僅一個多月，怎麼就成了一個甲等勞動力，能夠挑著百餘斤的擔子，在山路上飛奔了。我想，那時我一定是橫下一條心：心都死了，這具軀殼受點苦又算什麼呢？哪怕是毀滅。我已經沒有什麼畏懼了。不是有一句話：死都不怕，還怕什麼？

好不容易盼到一個休息日，頭天下午一收工，很快的洗澡更衣，晚飯也不吃，幾個談得來的就約好一起往城裡趕路了。畢竟是年輕，儘管勞累了一天，一路上大夥還是有說有笑，快步如飛，這十幾里平路，也就一個小時。到了城裡，已是萬家燈火了。找一個小飯館，要一壺茶，每人幾個大肉包子下肚後，大家便天南海北聊了起來。這些共同勞動的朋友姓名我已沒有什麼印象了，大家聊了些什麼我也大都忘了，大抵都是一些趣聞之類。有一個稍年長些，也就三十歲吧，原來是搞照相的朋友談了他的一段羅曼史。大致情節是有一天他身上掛著一個相機走在僻靜的街道上，迎面緩緩走來一個年青的學生模樣女孩，低著頭一面看書一面走，女孩容貌姣好，於是他悄悄按動了相機的快門。就在他們交錯時，女孩突然說道：你未經允許照了我的相，你必須把相片給我。過了幾天，這位仁兄把洗曬好的相片連同一張放大了的在約定的時間地點給了女孩。以後的事情就如同流行的愛情小說一般：兩人開始了長達一年的斷斷續續的交往。但兩人門不當戶不對，女孩家裡是富商，在共產黨進城前夕全家到臺灣去了。自此再沒有了消息。

聽完這個故事，大夥都唏噓不已。為什麼短暫的人生總是如此多的悲愴？

回到家裡，母親到太原去了。三哥文森在太原，嫂子快生小孩了。四哥文健來信了，對學校給我如此的處分，感到不理解和氣憤，他叫我不要氣餒，鼓勵我自學，並寄來了一些大學的課本。

下面插入一段對我的同學蔡寶鵬的記述。

蔡寶鵬和我同年級不同班，在學校受的處分也是開除。他最大的罪狀是攻擊蘇聯老大哥。他在與同學閒聊時曾說：「（蘇聯）還說是老大哥，無私援助，他幫我們開發克拉瑪依油田，為什麼還要以我們的石油為代價？」另外，他還和別的同學吹牛：「他（班主任）如果名堂多，要整我，我就敢揍他。」最後，蔡寶鵬不僅被他的這位「名堂多」的班主任整了，還被整到挨開除的地步，卻也沒有見他去揍誰。看來，吹牛的代價還是挺大的。

他的家住在桂林市灕江邊的一條小巷深處的一間低矮的平房裡。家裡只有父母親，沒有兄弟姐妹。他的父親在桂林一家煙酒公司做門市部主任，身材稍偏瘦，但非常精幹有神。蔡寶鵬對我說，他的父親每天早晨都要練一通太極拳，別看他這個樣子好像並不很壯實，但一兩個年輕人不是他的對手。後來他的父親遭遇了一段離奇而荒唐的冤案，並且還和我成了共患難的牢友。關於這一點，現在暫且擱下，在以後的章節裡我再作較詳細的描述。

蔡寶鵬也參加了堯山的採礦隊。他的身體比我健壯得多，他是學校裡頗有名氣的體操運動員。在那個年代，他已經能做單杠上的車輪翻這樣的高難動作了。他的手臂肌肉和胸肌肉都特別發達，顯得非常健美有力。但他半個月後卻從採礦隊不辭而別。臨走時，他對我說：「這單調的生活，繁重的勞動，我再也不能忍受了。」

他問我有什麼打算？我說，我準備熬下去。

就在蔡寶鵬從堯山不辭而別後的第三天傍晚，採礦隊在山腳茅庵的草坪上開了一個大會。採礦隊的隊長是一個四十多歲的稍有些矮胖的中年人，聽說，他原是桂林市勞動局的幹部，現在他是採礦隊的最高領導。他在大會的講話中，總結了前段時間的勞動成果後，指出了一些問題。他說：「我們採礦隊有一個叫蔡寶鵬的逃跑走了，現在全國都在大躍進，熱火朝天，他卻做了逃兵。你們知道他是什麼人嗎？他是一個被學校開除的反革命、壞分子。過幾天，我要把他抓回來！」

接著，他又說了一件事，卻引來一陣輕微的哄笑。他說：「有些人怕苦怕累。昨天就有兩個女的，請假，說身體不舒服。結果，大家出工去了，她們兩人卻到山坡上悠閒地玩耍，摘『逃軍糧』（一種灌木生野果）吃，這不是裝病嗎？」

一個四十多歲的人，連女性的生理週期這樣的常識都不知道，可以想像，他會怎樣領導這支兩百人的隊伍。

又過了半個月，在一個難得的休息日，我到了蔡寶鵬的家裡。他正趴在桌子上擺弄一個什麼玩意，見我來了，非常高興。我首先問他：「採礦隊來找你的麻煩了嗎？」接著我把那位隊長的話複述了一遍。蔡一聽，幾乎要咆哮起來：「讓他來抓好了，我又沒犯法，我怕他什麼？」

事實證明，那位隊長確實是在嚇唬人的。以後，也沒有見有什麼人來找蔡寶鵬的麻煩。

談完了這件事，他指著一件物品，很高興的對我說：「你看，這是我的唱機。」我湊過去一看，一個粗糙的木盒子旁邊固定著一個唱機的唱頭，除此，就什麼就沒有了。

「盒子下邊是一個空心的夾層，起共鳴箱的作用。」他一面說，一面拿起一根竹筷把方頭穿進唱片的圓孔，唱片就是那種厚厚的像膠木一樣黑的，直徑約三十釐米的最古老的唱片。竹筷圓的一端插在箱子底面中心的一個小孔裡。他用兩隻手的拇指和食指開始慢慢地轉動竹筷，然後騰出一隻手把裝有唱針的唱頭小心地放到旋轉著的唱片上。

「唱機」傳出悅耳的、細微的音樂聲。

我情不自禁的說道：「不錯，真正的土法上馬。」

在那個年代，擁有一台留聲機，是一件非常奢侈和令人羨慕的事情。蔡寶鵬同學對音樂是那樣的癡迷，但經濟條件又不允許，所以奇思妙想，才有了這「偉大」的發明。

「你聽，這是貝多芬的《月光奏鳴曲》，海水般明澈的聲音。」他繼續向我宣講著他的偉大發明的功效。

桌子上有一大疊唱片。有舒伯特的，肖斯塔科維奇的，還有海頓和斯特勞斯的，清一色的歐洲古典樂曲。

我說：「你沒有別的唱片了嗎？比如說中國的樂曲？」

「沒有。」他停止了轉動，說：「這是人類音樂的頂峰，誰能超越貝多芬與蕭邦？當歐洲的舞臺演出多部混聲的複雜交響樂時，中國卻連小提琴是什麼都不知道。」這時，他變魔法般的從牆角拿出一個有點像吉他或秦琴的彈撥樂器，琴上卻裝著一個小提琴的琴碼。他把長長把手的一端擱在窗臺上，用下巴吃力地夾住琴沉重而厚實的大端，用一把小提琴的弓拉了起來。

「小提琴！」我驚詫得張開了嘴。但我可以肯定，這種痛苦的演奏是不可能超過半小時。他卻是極為專心的拉著，弓法卻也雄健，有力，聲音卻很小，也不怎樣的動聽和優美。

他見我並不怎樣讚美他的這一「傑作」，就有點失望但卻堅定的說：「我很快就一定要買一把小提琴。」

蔡寶鵬是有音樂天賦的。在學校讀書時，一次他在隔壁的宿舍裡用口琴反復地吹奏一首歡快的圓舞曲，當時我們都以為是有人在拉手風琴。後來知道這曲子居然還是他自己的即興創作。

離開學校後，他一直在社會上浪蕩，做過各種各樣的雜工。一九六四年，他和原是廣西軍區文工團的一個叫文禧安的朋友，共同租了一個很小的鋪面，幹起了修理樂器的營生，主要是想做鋼琴的調音。可惜，那時整個的桂林就沒有幾台鋼琴，哪裡會有什麼生意？勉強支撐了半年後，鋪子終於是垮了。這位姓文的朋友在文工團裡原是一名二胡獨奏演員，因家庭出身不好而被清洗出來。那天，禧安兄為我演奏了二胡名曲《江河水》，這是我第一次聽到這首名曲。淒清哀婉的曲調，如泣如訴，至為感人。這也是我第一次如此近距離的聆聽如此高水平的二胡演奏。光陰迅速，轉眼四十六年過去。現在，我也能像模像樣演奏《江河水》了，我真想再一次聽到他的演奏和得到他的指點。

寶鵬同學懷揣著音樂的夢想，最後只是在業餘的桂林市「百花歌舞團」斷斷續續的客串了兩年小提琴手和手風琴手，正式的謀生職業卻是一名鐵匠——那種在中國已流傳了千百年的打鐵匠。每天對著一爐發出刺鼻的嗆味的煤火，一隻手拉動著風箱，另一隻手不時地用一個小鏟往爐膛裡添著煤。師傅一聲令下，就跳起身來，拿起二十磅的鐵錘雨點般朝著紅通通的工件打下去。這時，身上的汗水也是如雨點般的落下。為了掙到一點可憐的工資，聊以糊口，什麼莫札特，什麼肖斯塔科維奇，早丟到九霄雲外去了。「四人幫」倒臺後，他到一家大集體廠裡搞銷售。二〇〇五年初突然病故。而那位姓文的二胡高手，聽說早就到某個單位做「火貓」（廚工）去了。在那個年代，你音樂水平再高，沒有人要你，又有何用？自此，我也再沒有了他的消息。我想，禧安兄現在如果健在，倒是可以開一個二胡教學班的，把二胡拉到像他這樣水平的人，在桂林畢竟是極少。

採礦的日子轉眼就兩個多月了。一天，隊裡突然宣佈採礦停止，據說是礦石的質量太差，根本煉不出鐵，上面叫停了，所有的人重新安排工作。二百多人風風火火的忙乎了兩個多月，除了在山頂鏟去了一大片綠蔭的樹木和草地，用一句現代的話來說是破壞了生態，沒有得到任何有經濟價值的回報。當初是誰說這灰褐的石頭可以煉得出鐵呢？沒有人去追究，也沒有人去總結。來也匆匆，去也匆匆。

在那大躍進的年代，一切都是要快，不能像「小腳女人走路」。全國都在大辦鋼鐵，到處爐火熊熊，有的地方實在煉不出鐵，就把家裡的鐵鍋拿去熔了充數。有的地方為了煉鐵，把村子裡百年的老樹都砍光了。我想不通，這木頭怎麼能夠用來煉鐵呢？在耗費了大量的財力、人力後，煉出的是一些莫名其妙的黑疙瘩，公社的頭頭們卻抬著這些黑疙瘩向上報喜去了。真是一場滑稽鬧劇。沒有人能夠說得出到底煉出了多少有價值的鋼鐵。

幾十年以後，當年《人民日報》文藝部的主任袁鷹回憶起當時自己頭腦發熱，也加入到「吹鼓手」行列，寫了一些發熱的散文，為此而深感內疚。在二〇〇八年第十一期的《炎黃春秋》裡，袁鷹反省的寫道：

> ……五十年過去了，總覺得對善良的讀者欠了一筆債，「無實事求是之意，有嘩眾取寵之心」，對他們說了許多不負責任，甚至強詞奪理的假話，做了許多不符合實際、過分誇張的敘述，描寫了許多虛幻的彩色泡沫。
>
> 沸騰的一九五八年過去，一九五九年又是一個「大躍進」的年頭。我寫了一篇《第十個春天》，其中有這樣的字句：

我們剛送走了給我們偉大的祖國帶來輝煌勝利的一九五八年。一九五八年，是我們歷史上空前燦爛的一年……這一年，我們的工農業主要產品鋼、煤、機床、糧食、棉花的產量，不是百分之幾、百分之十幾的增長，而是百分之幾十地增長。我們創造了世界罕有的速度。這一年，在亞洲東部廣闊的土地上，出現了一輪初升的太陽——人民公社，只經過短短的三四個月時間，我國廣大的農村除了個別地區以外，遍地樹起了人民公社的鮮豔奪目的紅旗。這一年，六千萬人參加了煉鋼的行列，熱火朝天，餐風飲露，響亮地完成了黨中央的偉大號召，提前把一千零七十萬噸鋼拿到手。這一年，我們在每個戰線上都有火箭一樣的速度向前飛躍。

共產黨建國以來，這樣的勞民傷財的集體折騰不知多少！所有這一切，都為日後的經濟大蕭條埋下了伏筆；所有這一切，又有誰出來承擔了其禍國殃民的罪責？

二十多年後的一天，我再一次登上堯山之巔，尋覓當年歲月的蹤跡。散亂在山坳的礦石已被齊人高的野草淹沒，那條直通山腳的運輸壕溝雖然已長滿野草，但還依稀可辨。半山腰的那座廟宇是蕩然無存了，只剩下幾塊殘破的地磚。廟宇旁的那一眼清澈的泉水也早已乾枯得不見了蹤影。

正是仲秋時節，蒼翠的山野，在秋日和煦的陽光下，顯得格外恬靜和清幽。幾十年過去了，昔日山下孤寂破敗的村落，已經新蓋了好些小樓。一條整潔的柏油馬路蜿蜒地通向市區，不再是當年坑窪不平的牛車古道。幾個小青年手提著當時時髦的盒式收錄機，播放著節奏強烈的迪斯科樂曲，在山路上行走，不時傳來無憂無慮的嬉笑聲，在空寂的山谷中迴旋。他們當然不會想到，二十多年前，一群和他們今日一樣充滿青春活力的年輕人，曾在這荒山僻嶺中流淌過他們青春的汗水。

當年崎嶇的山路上，挑擔的人流，熙熙攘攘，如今卻這般的冷清。只是這連綿的山巒依是如當年的寬厚與巍峨，山坡上點點的野花依是如當年的豔麗。昔日揮汗如雨的勞動情景，久久地浮現在我的眼前，不能散去。當年十七歲剛剛離開校門的少年，在飽經歲月的磨難和洗禮後，已步入不惑之年。這兒，曾是我人生驛路的第一站。當年一同挖礦的工友早是天各一方，縱然相遇，怕是也不相識了。景物依舊，人事全非，萬千感慨湧上心頭。應該說我是一個性格很堅強的人，但我又是一個極易動感情，甚至極易傷感的人，尤其是對那些浸潤著我青春的汗水與眼淚的往事回憶。然而，今天儘管我傷感，我感慨，但我不會再流淚。我的淚水早已流乾，它早已注滿了我的心。

採礦隊撤銷，人員全部重新安排。政治情況好一點的分到機械廠和鋼鐵廠。我這樣一個反革命自然是分到一個適合於我的工作：到一家耐火材料廠打耐火磚。這是絕對的百分之百的手工操作。操作者站在一個將近腰深的壕溝裡，面前擺放著磚模，雙手拿著一個沉重的長方形大木錘，以極快的速度用力連續拍打那些盛在磚模中的耐火粉末。兩天后，小臂腫了起來。由於持續的劇烈振動與用力，吃飯時連飯碗都拿不穩。雖然已是深秋，我們上班時卻是一條褲衩，一件貼身背心。身上的汗水還是不停的淌。當時正是「大躍進」年代，每天要連續勞動十幾個小時，工作是又苦又累。

我的一生就這樣在無止無休的苦力中度過了嗎？挑礦、打磚，未來還有什麼在等待著我？午夜夢回，學生時代的生活又浮現在眼前。寒窗十二載，我付出了艱辛的努力，我學習成績優異，所有的人都羨慕和欽佩。我那心中曾經洶湧的抱負，都將永遠的付之東流了嗎？

我心中極度的苦悶和彷徨。又風聞一些同學考取了什麼什麼大學，心中更是極為痛苦。我的心靈在呼喊著蒼天和命運，為什麼對我如此不公？如此殘酷？

在廠裡，我認識了一個工友，名叫劉潤生，二十一歲。年紀輕輕，就長的背有些駝，臉色總顯得不大好，沒有什麼血色。幾次交往後，他向我透露了他曾經因參與走私被勞改過三年。在他知道我的身世後，他說，你可以到香港去勤工儉學讀大學，我知道一條小路……他的這番話喚醒了我心頭壓抑的夢。我無論如何也不甘心就這樣度此一生。當冒險的念頭在我腦海裡猶豫徘徊的時候，一天我遇見了高中一位同學王清生，他和我同年級不同班，也是「壞分子」，受的處分是留校查看，不準考大學。他聽了立即興奮起來，堅定的表示一定要走這條路，並開始了對我進行反復的動員和勸說。

一九五八年的十一月初，耐火材料廠選定了七八十人，準備到東北的鞍山去學習技術。毫無疑問，我是沒有資格的。他們出發的那個晚上，平時很少上街的我，懷著迷惘、彷徨與苦悶的心情，竟然鬼使神差般地到街上漫無目的遊蕩，直到晚上十點鐘才回來。我一回到宿舍，同廠的人就告訴我，去學習的人中，有一個身體出了問題，換了下來，廠裡決定由我補上。車間主任滿世界的找我找不到，他們已在一個小時前去火車站了。

啊，難道這一切都是命中註定？

三人曾在一起密謀過好幾次，今天我卻怎麼也想不起我們到底討論了一些什麼問題。那時，我們豈止是幼稚，簡直是愚蠢得可笑。在此之前，我是連火車都沒有坐過的人。我們計劃是坐火車到廣州後轉車到離邊境還有七八十里的一個小站（我記得好像是一個叫石龍的小站）下車，然後晝伏夜行偷渡到香港。我們既沒有縝密的行程安排，也沒有應對各種可能情況的預案：如果半路遇到人盤問，應該怎樣回答？中途如果三人走散了，怎麼聯絡？……這些最一般的問題都沒有仔細的討論。我和王清生就這樣把自己的前程甚至生命，簡單而輕鬆地交給了劉潤生。而這位劉兄，今天我實在是懷疑他是否真的有過偷渡經歷，抑或僅僅是曾經在邊境一帶活動過。因為根據我現在的知識，要到達九龍或香港必然是要有一段涉水，不是泅海，就是渡江，然而，我們卻從來沒有討論過這方面的問題。他年紀也比我們長，為何也是如此輕率、如此愚蠢呢？就這樣，三人匆匆的踏上了冒險的旅途。

火車徐徐駛離夜幕中的車站，城市的燈光漸漸遠去，最後消失在無盡的暗夜。遠遠的天邊，星星眨著狡詐的眼，彷彿在靜靜的觀看，觀看這喧囂人間的悲歡離合。一滴淚珠從眼角流出。再見了，我的故鄉。再見了，我親愛的母親。哪年哪月，我才能再回到你的懷抱？命運之神，你將把我驅向何方？哪兒才是我生命旅途停泊的驛站？

在火車行進的沿途，不時可以看到一座座煉鐵的土高爐，爐頂冒著熊熊的火焰，在烏黑而無盡的夜空映襯下，極為壯觀。當時正是大躍進如火如荼的時期，全國上億的農民也加入到了煉鋼大軍的行列。中國正在跑步進入共產主義。看著這激動人心的場面，我的心裡卻是充滿說不出的滋味。一方面我為祖國的高速發展高興，但想到自己的處境，自己是一個被排斥在外的人，心裡又充滿了悲涼。

僅僅七個月前，我還是豪情萬丈，心中編織著五彩的夢。我無數次地想像著我登上北去的火車，在窗前向親人揮手告別的情景——那是我踏上大學的旅程。今天我踏上的卻是一條未卜的充滿了危險的路。我深知，偷渡成功的可能性極小，然而，我別無選擇。明知前面是死亡的深淵，我也要闖，試一試這只有百分之一的運氣。我的這一冒險的舉動，如果失敗，將極大的傷害我的母親。但留在國內，我的悲慘處境，不是也同樣在傷害著母親嗎？

什麼才是這一切真正的罪魁禍首？

結果是可想而知的。我們還在廣州火車站就由於行動可疑遭到盤問，而回答卻支支吾吾的，被當場拘留。（我們根本就沒有做萬一遇到盤查，將如何應對的準備。）這一天，一九五八年十一月十六日，正是我十八歲的生日。在廣州拘留所大約關了十天，桂林方面來人了。兩個荷槍實彈的警察，通過火車，把我們押回了桂林。火車到達桂林市是晚上八點多鐘，三人被用手銬銬成一排。兩個背槍的警察緊跟在後面押著，向位於市中心不遠的看守所走去。

母親和大哥當時就住在離車站約半里地的一間平房。我隱隱地看見透過窗戶的暗淡的燈光，映照在門前的柳樹上，寒風中的柳絮在夜幕中瑟瑟地抖動。我想，母親此刻一定正在苦苦地思戀著自己的兒子：這些日子，他到底到什麼地方去了呢？

而我的頭腦卻已近乎麻木，這一天的到來我似乎早就預感到了。從離開學校那一刻，彷彿我的生命就已結束。什麼結果對我都已不重要：無論是生活在社會上，還是監獄裡；無論是死去，還是活著。

三人在看守所的牢房被分別關押。過了幾天的一個深夜，三人被叫到一個小房裡集中，正式被宣佈逮捕。以後的日子，我被傳喚過幾次問話，大抵是問我們出去想搞些什麼反革命活動，和什麼人聯絡之類。我的回答令預審人員大為不滿。我說，我想出去勤工儉學讀大學。

在看守所裡牢房一排過去共有八九間，按編號稱一監舍二監舍等等。監舍面前是一個很大的院子，院子的四周是高高的圍牆，圍牆角落有幾畦青綠的菜地。每間牢房裡是一溜約一尺高的通鋪，通鋪旁是一條約一米寬的走道，走道的盡頭有一間一平方米大小的沒有門的小房，裡面放著一個便桶。一間牢房關七八個人，每人有大約一米寬的地盤。在押的犯人平時要雙腿吊放在通鋪下正襟危坐，反省錯誤。若有東歪西倒或交頭接耳，被巡視的看守（犯人必須叫他們為「政府」）發現，往往遭訓斥。遇到脾氣不好的「政府」就更麻煩了。有一次，我和一個囚友談論一個問題，談到興致來了，我竟然滔滔不絕起來。誰知一個「政府」貓在門邊已偷聽良久。這個「政府」是一個短小精幹的瘦子，平時數他最惡，稍有不滿就瞪著一雙小眼睛兇神惡煞的吼叫。小眼睛亮出身子把我叫到門邊，隔著鐵欄大聲地把我罵了十分鐘，見我似乎不怎麼以為然，立正的姿勢也不標準，他暴跳起來，轉身叫來一個管理員，拿著一付手銬，開了牢門，把我拷了起來，以示懲罰。原本小眼睛吼叫著是打算把我反銬起來，多虧了那位看守所的管理員並沒有理會他。在那個寒冷的冬夜，我戴著冰涼的手銬，整夜無法入睡。直到第二天早上才被打開。從此，看見是小眼睛值班，大家都加倍的小心。

這世界說大也不大，二十多年後的一天，我在一家米粉店吃粉，來了一個人端著碗粉坐在我的對面，偶抬頭兩人目光相遇，我想，這人怎麼這麼眼熟？啊，是小眼睛！——我對他的印象太深了。他一定也認出了我，表情很有些尷尬的低著頭快快的吃粉。他一身便裝，應該是復員多年了。依舊是短小精幹的身材，小小的眼睛，只是眼角已經多了好些皺紋，別的好像一點都沒有變。我真想逗趣的問問他，米粉味道好嗎？話剛到嘴邊，一抬頭他不見了——他還是如當年一樣的靈活與機敏。

除了中午可以午睡一小時，其餘時間都得靜坐反省。呆呆的看著斜照在牆上或地上的陽光一寸一寸的移動。突然，大家都騷動起來，原來陽光照射的位置告訴人們，開飯的時間到了。沒有太陽的日子，似乎也能判斷時間：幾聲很遙遠的輕輕敲鐘聲，一些單位傳來的隱約廣播聲，甚至某個定時出現的小販叫賣聲，都會成為準確判斷時間的依據。一日兩餐，每人大約三兩米飯，菜是只有一點油星子的白菜蘿蔔之類。肚子餓得咕咕地響，心裡發慌。整天就眼巴巴的盼著這兩餐飯。這是我懂事以來第一次嚐到了飢餓的滋味，而這，在我日後漫長的鐵窗生涯中，僅僅是開始。

一天，牢房裡新來了一個囚犯。此人姓秦，年紀大約二十一、二歲，長得眉清目秀，一表人才。從閒聊中大致瞭解到他居然是一個殺人犯！結婚之後，生下一個女兒。他還完全沒有作好做父親的思想準備，感到這個小生命的到來實在是個累贅，就在小傢伙生下幾天後，把她放在水裡溺死了。老婆知道後哭鬧了一陣也沒有辦法。但岳母娘知道後不幹了，感到這個女婿心狠手辣，是個靠不住的危險人物，便向公安局報了案，他便被抓了進來。

過了十幾天，這位秦兄知道了我的案情後，悄悄地對我說：「我在單位是做採購員的，對廣州那一帶熟悉得很。本來我也是想跑出去的，在香港我還有個親戚……」他還說：「如果我早認識你就好了。」接著，他開始不厭其煩的問我到了香港準備去找誰？日後生活怎麼辦？

我能去找誰？我確實是不知道，確實是沒有任何人可找。我只知道，不管怎樣，我絕不會餓死。

幾個月以後，我和這位秦兄在勞改隊又碰面了。他告訴我，他的刑期是十年。他問我：「你還記得在看守所時我和你講的話嗎？」聽得我滿頭霧水，我說：「你和我講了什麼呀？」他說：「我再三問你如果你們到了香港怎麼辦？準備去找什麼人？」

我說：「是呀？怎麼啦？」

他說：「這是看守所的預審員佈置的一個圈套，目的是想搞清楚你們偷渡的真實企圖。他們還許諾我如果幹得好，可以給我立功，減輕我的判刑。」

到這時，我才恍然大悟。陰謀無處不在，手段無所不用。

每隔三五天有一次幾分鐘的短暫放風，犯人們可以在院子裡活動活動，其他時間整天就這樣坐著。透過鐵窗和牢門的欄干，可以看見白雲悠悠，碧空楚闊。幾隻雀鳥在菜地啄食。寒風瑟瑟，落葉飄零。三五之夜，萬籟俱寂，清輝入室，幾可洞明。萬千思緒，湧上心頭。一天我仿明代歸有光的《項脊軒志》用文言文寫了一篇《鐵窗日誌》。文章開頭是：「鐵窗者，監牢是也。而今謂之舍，名之異耳。」下面的卻是回憶不起了，只記得文章是描述了在看守所裡從清早到深夜一整天的生活。夾敘夾議，感物抒懷，慘惻之思，情景交融，六七百字，灑灑洋洋，一氣呵成。讀到最後，往往情不自禁，聲淚俱下，相當感人。可惜底稿丟失，年深月久，已經忘卻。當時同監舍的一位半老學究讀後讚不絕口，簡直不相信是出自一個如此年輕的現代高中生之手。為了寫這本書，這些天我曾嘗試重寫一篇《鐵窗日誌》，卻怎麼也寫不出當年的情感與文采了。

沒有進行過正式的開庭審判，只經過兩次預審問話，一個多月後，三人被以反革命偷越國境罪判刑。我被判六年，王清生四年，劉潤生十年。

囹圄生涯

審訊期間，我從來不承認我偷越國境是為了搞反革命。我說，我只是想出去讀大學。這時，我已經沒有什麼顧忌了。後來，在預審時，我甚至控訴學校對我的處分是對我的迫害，正是學校野蠻無恥的剝奪了我考大學的權利，才使得我走上了這條路。

從看守所轉押到桂林監獄後，劉潤生和王清生被送到勞改隊。而我，由於我的不認罪被關進了監獄的禁閉室。隨著身後一記沉悶的關門聲，我已經站在了禁閉室的屋內。我盡力地睜大眼睛，使瞳孔慢慢地適應昏暗的環境。我終於看清了這是一間大約十平方米的房間，地板上蜷縮著三個人。一個大小便用的馬桶放在牆角，散發著令人窒息難聞的氣味。接近屋頂有一扇長滿鐵銹的小窗，禁閉室的厚重木門上開有一個直徑約十五釐米的圓孔。兩束灰暗清冷的光就從這小窗和圓孔射進來。

我抬眼四望，看見的是使人觸目驚心的那牆壁上一點一點密密麻麻的臭蟲的血跡——這其實就是被關押者的人血。這些指甲般大小的斑駁的血跡令人不能不感到恐怖和背脊的發麻。這恐怖和令人噁心的畫面是如此的刺激著我的神經，以至直到五十多年後的今天，我寫到這裡，仍是感到噁心。可以想像夜幕降臨時，那浩浩蕩蕩的裝甲大軍從人們身下的木板縫中開出來的可怕景象。

這兒實際上是公安局的一個拘留所。一些犯小偷小摸或者案情尚不明朗不夠判刑的人，就關押在這裡。

在拘留所裡，只有一點比在看守所強，那就是沒有「政府」看管。也就沒有了在看守所裡每日的靜坐反省。拘留所是一個由十幾間牢房組成的封閉的四合院，要進入院子必須經過一個大鐵門。它本身就座落在監獄的中央，所以根本就不怕你逃跑，對被關押的人也從來沒有放風，所以只有兩個年老的勞改犯看管，負責一點送飯、倒馬桶之類的事。你在牢房裡可以整天睡覺，也可以瘋狂，大喊大叫，沒有人管你。

一九五八年的中國社會，人們的道德和良知還沒有經過「文化大革命」的踐踏和蹂躪，還保留著這古老國度的一些基本的道德認知。我親身經歷了從看守所到拘留所的四個多月生活。我很慶幸，沒有遇見後來監獄裡司空慣見的、兇狠惡毒的「牢頭」。

同牢房裡還關著兩個二十歲左右的小青年，是因為小偷小摸被關進來的。這兩位老兄樂觀得很，經常大聲的唱歌。他們清楚，過不了多久就會被釋放。對拘留所的一切他們也熟悉得很，看得出是這種地方常客。還有一個年紀稍大一點的，約三十多歲，穿一件毛領的棉大衣。此人姓胡，原是桂林市水產公司的一個幹部，一天他自己的那張辦公桌被人撬了，裡面的七十元公款被盜。派出所的警察查來查去找不到線索，就把他關了進來，說他是監守自盜。他氣得幾乎發瘋，整天對著牢門的小洞大喊：「冤枉啊！冤枉！」還大聲的罵娘，用手捶門。也許是鬱氣攻心太甚，有一天在一陣猛烈的咳嗽後，居然吐出了一點血。幾個人還算合得來，相安無事。他們知道我的情況後，說：「你都已經判了，還不認罪，這毫無用處。」我說：「事實就是這樣，要我亂承認，我不幹。」

終於有一天胡幹部被提出去問了話後，回來高興的對我們說：「我的問題搞清楚了，單位的人說，過兩天辦好手續我就可以回去了。」他問我是否有什麼事情，他可以到我家裡轉告。我感謝了他的好意，當即寫了一封給母親的長信，他小心地把信藏在了貼身的內衣口袋裡。後來，我知道他並沒有到我家，信卻是幫我寄到了的。

污濁的空氣，整天頭腦昏昏沉沉的。早上醒來，全身到處一片一片的紅點，我知道這是可惡的臭蟲對我大舉進犯的結果。一個多月以後，我終於病倒了。肚子經常一陣一陣劇烈的疼痛，每天那少得可憐的一點米飯都吃不完，已是骨瘦如柴。一天，肚子的疼痛使我在地板上翻滾起來，同室的獄友對著牢門的孔大叫起來：「有人要死了，快喊醫生來！」過了一會，來了一個穿白大褂的犯人醫生，隔著門孔看了我一眼，簡單的問了我幾句病情，從隨身的藥箱裡包了幾片藥遞給我就走了。我對同牢房的難友說：「你們怎麼說我要死了？有這麼嚴重？」那小青年說：「你不這樣喊，醫生會來嗎？」又說：「你趕快認罪吧，你這樣下去，身體會被徹底搞垮的。到勞改隊裡可以活動，身體會好起來的。」

我接連寫了兩份表示認罪的檢查通過送飯的勞改犯人送到管教科。一星期後，我被帶到了勞改隊。一個多月的拘留所生活，離別時，我和他們竟有些依依不捨起來。我們緊緊地握手告別。我知道，今生今世我們是不可能相見的了。他們沒有因為我是新來或年幼而欺負我，相反，他們都很同情我，他們把我依舊看作一個單純的中學生，處處對我很照顧。五十多年過去了，於今，他們的名字我也早已忘卻，但這些獄友的友情卻長留在了我的心間。這個世界上，溫暖和友情還是有的，只不過是不多了。冷酷與無情卻是太多，比如駱醒民、劉英，比如「小眼睛」之流。

而人的意志是怎樣被消磨的，我開始領教了。

新來的犯人先放在機動組學習監規。入監的第一天學習，我就目睹了令我目瞪口呆的血腥的一幕。學習在牢房裡騰空出來的一片空地進行。有的坐在小矮凳上，有的就坐在架子床的下鋪。我呆呆的坐在一個不引人注意的角落。一個犯人組長宣佈開會並開始怒氣衝衝的責罵一個犯人。這個被罵的犯人被責令站在開會的人群中間。他好像偷吃了別人家裡送來的餅乾。突然，從人群中衝出一個犯人朝他的膝蓋後彎用力一腳，他便撲通的跪在了地上。一瞬間，又衝出幾個人，一陣拳打腳踢，他便雙手摟著肚子在地上翻滾了起來。這一切，是如此的迅速，打人的動作又是如此的嫻熟，彷彿現代影視劇裡的職業殺手。後來，這個被打的犯人被兩個「殺手」從地上拖起，架到組長的身邊，組長用一雙一端捆在一起的粗大的竹筷子（看樣子是特製的）夾住他的一個手指，另一端慢慢的開始出力榨緊，隨著力度的加大，不幸的餅乾偷食者痛得哇哇的大叫起來。這個戴著一副深度近視眼鏡的姓周的犯人組長，用不慌不忙的語氣，似乎挺斯文的問道：「說——你還偷了誰的東西？」

看得出，他的心態充滿了得意與惡毒的快感。那故意做作出的慢條斯理的聲音，我感到彷彿是從魔鬼的嘴裡發出，令人毛骨聳然。

我想不明白，犯人之間，為何是如此的兇殘？

過了好些日子，我才逐漸領會了其中緣由。在監獄裡，管教幹部通過犯人組長監視其他犯人，又通過個別訓話，要犯人之間互相監視，檢舉揭發，在犯人中間製造矛盾和仇恨。鬥爭會上，一些幹部和犯人組長往往會暗示「不要太客氣」。於是，全武行就有了表演的機會。一些犯人為了表示積極，還有的是平時就有矛盾，更是借機報復。或者上次你動了我的手，我記著，這次機會來了，看我怎麼收拾你。犯人彼此之間彌漫著仇恨和互不信任的氣氛，就最大程度的避免犯人中產生關係緊密的小集團，任何「反改造」的蛛絲馬跡很快就會有人秘密報告上去。

這座監獄是國民黨時期留下來的。它的中心是一間約十餘米高的建築，叫八角台。由此向四周展開有八條巷道，每條巷道的兩邊便是關押犯人的牢房。無論誰要從牢房進出都必須經過八角亭。這座老式的監獄關著近兩千犯人，早已人滿為患，現在正著手在附近建一座新的監獄。

監獄裡犯人睡的是木質的雙層架子床。這些床也不知用了多少年代了，有些已經有點發黑，我懷疑在國民黨時期就已經使用了。晚上睡覺時必須把蚊帳嚴嚴實實的紮緊在薦子底下，否則大批的臭蟲就會趁虛而入。半夜醒來，會看見一隊一隊的臭蟲大軍在蚊帳邊上遊蕩，時時做著大舉入侵的準備，令人膽戰心驚。這些膽大妄為的傢伙，太過於猖獗，也許已經威脅到八角台裡管理人員的安危。終於有一天，監獄開始了對這些裝甲部隊的清剿。監獄弄來了一個有十幾平米大，兩米多高的一個大鐵櫃，下面燃燒著熊熊烈火，鐵櫃裡面滾著滿滿一大鍋的開水。幹部指令犯人依監舍次序把拆散了的木床拿到開水裡去燙。不一會，就看見水的上面浮起厚厚的一層臭蟲的屍體。我在想：到底是什麼生存環境造就了這些昆蟲數量的高速增長呢？

所幸的是，我入監三個月後，桂林監獄就搬到了它的新址。從此算是基本擺脫了這些可怕的昆蟲的侵擾。

新址的位置與老監獄相距大約半里地遠。四周是高聳的圍牆，牆上安著森嚴的電網，圍牆的四角各有一個高高的崗樓。圍牆的裡面有兩個生產車間。再往裡是一個巨大的長方形的四合院，這兒就是犯人居住的牢房了。在長方形的一條長邊的中點建有一個兩層樓高的巨大的崗亭，雖然沒有八個角了，但犯人依舊習慣的稱之為八角台，意謂這是管教人員的場所。管教幹部和「政府」在樓上可以清楚的俯覽大院裡的一切。下層是一個一米高，面積約二十多平方米的磚砌的講臺，監獄開大會，幹部就站在這臺上訓話。偶爾監獄搞些文娛演出，也是在這個檯子上。長方形的另一條長邊的中點則有一個約兩米寬深八九米的巷道，這是全體犯人出入牢房的唯一的通道。通道的旁邊開有窗，幹部在裡面可以監視出入的犯人。通道的大門一般到了晚上才從外面鎖上。

這個巨大的四合院由十幾間牢房組成，牢房全部是平房。每間牢房裡可住一百多人，清一色的雙層通鋪，每個犯人有大約一米寬的地盤。每間牢房裡有一個小小的廁所，大小便通往室外緊鄰的一個不大的露天糞池。每天晚上學習後，各牢房由犯人組長點名，幹部確認後就在牢房外鎖門。

在休息的日子，如果天氣晴好，犯人們常常會在院子裡曬曬太陽，有好事者也會東走走，西竄竄，但不能進入別的牢房。大院的一角，有一間牢房住著一百多個女犯。這些女犯主要從事著製鞋、縫紉的工作。男犯是絕對不能到女犯的牢房的，但男犯也有從事製鞋縫紉的，有時因為工作關係難免也會有一點接觸。聽說一些難耐寂寞的青春男女，偷偷的會有一些眉目傳情，暗遞秋波的小動作，為刑滿獲釋後成大事做著準備。

我入監的第三天，夥同五六百人的犯人隊伍到十餘里外的磚廠挑磚。長長的隊伍，大街上由於有汽車和行人的干擾，為了保持隊伍的連貫和整齊，一會停，一會跑，非常消耗體力。走到磚廠，剛剛大病了一場，又被囚禁了一百多天未見陽光的我，已感到體力不支。管教幹部宣佈，每人最少挑二十塊紅磚，重量約一百斤。半年前，這點活我是完全能勝任的。但現在，我的身體已經徹底的垮了，空手走這十幾里都已經累得快要虛脫，直冒冷汗。然而，幹部的命令是沒有任何討價還價的餘地的。我只有硬著頭皮裝了二十塊磚，挑了三四里路，早已氣喘噓噓，頭暈眼花，兩腿打飄。我咬著牙，不斷告誡自己：堅持，堅持，也許慢慢地身體會適應。我緊緊的跟著隊伍，一百米，兩百米，走著走著，一陣暈眩，我終於倒在了馬路上。

不知道過了多久，也許有幾秒鐘吧，我隱約聽見有人厲聲的喝道：「不要裝死！」這是一個為了表現自己積極的犯人，他歇下擔子，用腳輕踢了我一下，準備拖我起來。一個管教幹部看見我慘白的臉和消瘦的身軀，心裡明白不會是裝的，大約還感到在大街上影響不好，就叫他扶了我起來，把我擔子裡的磚分給了別人，我挑著空擔子跟著隊伍走了回來。

我生命中最嚴酷的血與火的洗禮慢慢地拉開了帷幕。

這座監獄對外稱桂林機床廠。監獄裡刑期稍長的或原來有機械技能的大都分在車間裡，這些人大約占了四分之三，像我這樣刑期不到十年的則從事建築、打磚燒窯、開山取石、挖土方和養殖等方面的工作。還在禁閉室的時候，我經常掂高了腳看著窗外一隊一隊走過的在車間勞動的犯人。這些人從頭到腳好像都是黑兮兮的，衣服散發著油亮的光。隊伍裡還有的戴著腳鐐，腳鐐的中間繫著一根繩子用手提著，兩隻腳呈外八字，走起路來，一跳一顛的，哐當哐當直響。同囚室的人告訴我，這些戴鐐的人，多半是判死緩的，要不就是「反改造分子」，有的一戴就是幾年。我心裡琢磨：這樣冷的天晚上睡覺怎麼辦？

一九五九年的國慶節，監獄裡的各車間、區隊都要出牆報，我也被暫時抽出來搞牆報的撰稿與抄寫。本來這是一件難得的「優差」，卻差點讓我栽了一個大跟斗，也使我領教了監獄裡告密的可怕。

為了試一試毛筆，我在一張廢棄的黃色的牆報紙上，信手寫了「黃色的」三個寸楷大字，在和人說了些其他的事後，又繼續試筆，在紙的另一處寫下了「國慶」兩個字。在不同的時間段在一張紙的不同位置寫的兩組風馬牛不相關的字，我一點也沒有放在心上，但旁邊的一個姓杜的傢伙卻記在了心上並做了告密。

第二天，管教幹部找我談話。劈頭就問：「昨天你用毛筆寫了什麼？」弄得我滿頭霧水，莫名其妙。過了好久，我才慢慢的明白了過來。

管教幹部口氣很嚴厲，指出了問題的嚴重性，甚至話語中暗示這件事帶有「反標」（反動標語）的性質。責令我認真寫檢查，如果想蒙混過關，不僅不可能，而且，後果將會很嚴重。

當晚，我一夜未眠。寫什麼呢？難道我要給自己的無意識的行為扣上一頂大帽子嗎？不，絕不。學校的一幕閃現在我的眼前，再怎樣的上綱上線，你也永遠是「不老實」。而且，越檢查問題就會越嚴重。生活的經歷告訴了我，想要靠深入的、不斷加碼的檢查來獲得過關，永遠只能是一個夢想。此時的我，早已不是那個皮膚白淨、清純稚嫩的中學生。我決定了，我絕不能按著幹部的思路來檢查，一切都是無意識的，我思想上沒有任何問題。

第二天，我草草的寫了個檢查。對這一事件的客觀影響寫了不少，但主觀的思想問題隻字未提。果然幹部是說我「不老實」，叫我重寫。第三天我交上去的基本是第二天的翻版。以後就再沒有人來找我了。

這又是一個深刻的教訓。在這裡，不僅不能亂說，更不能亂寫，處處都要謹小慎微，如履薄冰。處處都有一雙狡獪而陰毒的眼睛在窺視著你。

剛進初中時，我學了一年英文。從初中二年級開始就學俄文直到高中畢業，整整學了五年。我的俄文已打下了相當扎實的基礎，讀寫能力都較強，已經具備了一般的會話和閱讀的水平。入監後我的一位同父異母的兄長給我送來了一些俄文書籍。我一直在自學著俄文，並堅持用俄文寫著日記。由於沒有辭典可查，有時個別不懂但又不得不用上的單詞就暫時用中文替代。看來，這日記是不能寫了。任何毫不相關文字，只要需要，都是可以任意拼湊，中國歷史上的文字獄我是知道的。在目前險惡的環境下，我絕對不能在文字上給人抓住任何藉口，重蹈當年的覆轍。我首先要做的，是確保自己的安全。繁重的體力勞動也徹底的摧垮了我的意志：讓這些彎彎扭扭的文字見鬼去吧。從此，我永遠的告別了俄文。為了它，我不知耗費了多少的精力，寄託了多少青春的夢想。

二十多年後，我的問題平反改正。我所在單位的政工幹部到公安局去清理我的檔案，回來後向我說起了「黃色的」「國慶」這件事，我大吃一驚。原來，這件事檔案裡詳細的記載著，其中還有我寫的檢查。

這是多麼可怕的幽靈！

剛才講到學習俄文，說一下和我同案的同學王清生。由於被捕時他未滿十八歲，判刑後被轉送到廣州少年管教所，在那裡度過了四年的時光。四年出來，後來他告訴我，他已經是一個俄語通了。一九六四年居然還混進了湖南湘潭的一所中學，做了一年的俄語代課老師。還翻譯了一本書，書名是《聚氯乙烯塑料的製造工藝》。我看過他的文稿和出版社給他的信函，出版社要求他對書的一些地方再作些修飾後，答應出版。由於文化大革命的到來，一切都泡湯了。又由於政治時局的動盪與險惡，中國與蘇聯已徹底決裂，俄文在實際生活中慘遭厄運，已無用武之地。為了生計，他不得不把俄語扔在了一邊。又過了幾年，他終於把辛辛苦苦學到的俄語，丟得一乾二淨了。

一九六八年，我已在監獄留廠就業。一天，我得到一個上街的機會。在一家電影院的大門口的牆上，我看見一張桂林市法院的佈告。佈告上公佈著最近一次公判的犯人的簡要的犯罪罪行和他們的相片。那個年代，這是經常的事。公判後還要把這些犯人五花大綁，胸前掛一塊大牌子，寫上名字及案由，押在汽車上遊街示眾。突然，一個熟悉的名字跳入我的眼簾：王清生。罪名是反革命投機倒把。佈告說案犯私造電珠（即手電筒用的那種小電珠，這技術是王清生在廣州服刑時學到的——作者注）用以出售，案犯在陽朔縣城街頭銷售時被抓個正著。你自己膽敢生產產品，還居然敢拿到街上公然販賣，這不是投機倒把、走資本主義道路是什麼？這就是當時中國的法律。本來抓到一個投機倒把分子，判個三年五年也屬常事，但王清生有前科，而且是反革命，於是就有了我們現在看來莫名其妙、匪夷所思的「反革命投機倒把罪」，被判刑十年。

王被押送到廣西露塘農場勞改。在那兒，主要是種水稻和甘蔗。箇中的艱辛，苦不堪言。他對我說，在農場最辛苦的工作是甘蔗培土。每年的七、八月時需要對甘蔗培土。這時，甘蔗已經長到齊人高了。站在密密麻麻的甘蔗的行間培土，密不通風，頭上是火一般的驕陽。還必須穿著長衣長褲，否則那甘蔗的葉子會割得你全身傷痕累累，晚上睡覺會癢得你根本不能入睡。汗水像雨水般地流下，衣服是濕了乾，乾了又濕。每天還有嚴格的勞動定額考核。那真不是人過的生活。滿刑後，他告訴我，俄語早已丟光了，但他現在卻是「英語通」了。在書店裡他隨手拿起一本英語書，就邊看邊翻成了漢語。他說，在勞改隊裡他不和任何人交談，有空就關在蚊帳裡看《毛主席語錄》的英文版，後來就一頁一頁地背英文詞典。現在閱讀沒有問題，只是口語不行。

我驚歎他的毅力。在那嚴酷的環境中，往往人們都能表現出超人的意志。由於任何其他的幻想都是無用，唯有用一個自己設定的目標，哪怕是很虛渺的目標，來作為心中的慰藉與寄託。我想，學英語一定是他唯一的寄託了。

一九八〇年，王清生平反，改判無罪釋放，這時，王早已服滿了刑期。法院給他一千元「冤獄費」，他堅決不收，他對法官說：「我十年的牢獄生活就只值一千元？」我當時勸他收了算了，我說：「你不要又能怎樣？共產黨難道還會求你要錢不成？」直到最後，這錢他始終是沒有收，法院果然是樂得不再找他。

王的英語知識，也沒有為他日後的生活起到怎樣的作用。後來，我從技術上幫助他辦起了一個小工廠，他的學習和領會的能力，使他很快就能獨立的擔當工廠廠長的重任。再後來他終於心力交瘁，二〇〇九年三月他倒在了他工廠的辦公室的椅子上，再也沒能醒過來。

從十七歲被學校批鬥，到兩次冤獄（共十四年），到不停的為生活而勞碌奔波，直到倒下，他似乎沒有過一天清閒的日子。應該說，他也是一個天份很高的人，一手行草書法，相當漂亮，詩文也很不錯。中學時他的志願是報考中國人民大學，學習外語，想將來做一個駐外記者。

願他在天國得到安息。

在勞改隊的幾年裡，我打過磚，燒過窯，開過山，放過炮，種過菜。最後到農場種了一年水稻。

我在打磚隊是踩泥。先挖好一塘黃泥（約二十平米），放入水浸泡到第二天，幾個人卷起褲腳下到泥塘裡，在泥塘裡來回的深一腳淺一腳的踩。有時一腳踩下去有二十多釐米深，拔出來非常費勁。那時一般的磚廠是用牛來踩的，而勞改隊裡沒有牛，這些犯人就是最好的具有高度智能的牛。至於艱辛，是不用考慮的，犯人，就是要給他們勞動，累，可以改造他們的思想。黃泥的顆粒越踩越細膩，黏性也越大，每一腳提起來都非常吃力，直到把黃泥踩「熟」。一天下來是精疲力竭。最要命的是寒冷的冬天，北風呼嘯，清早，泥塘裡一層白霜，人們站在泥塘上邊，猶豫著不敢下去。這時，幹部就會凶起來，把犯人像驅趕牛一樣地趕下去。赤著腳剛下到泥水裡，全身都冷得發抖，原來被凍裂的傷口鑽心般的劇痛。踩著踩著，腳麻木了，也不再感到寒冷和疼痛。所有犯人的腳都凍得裂開許多口子，大的裂口像小孩的嘴巴一樣，肉都翻了起來。晚上躺在棉被裡，人一暖，裂口卻痛徹心肺。我踩了整整一個冬天的磚泥。

幾個月後我被編入開山隊。我每天右手拿一個六磅的鐵錘，左手執著鋼釺，要打出定額規定數量的炮眼。沒幾天手腕就腫了起來，每提起錘子就非常的疼痛。沒有任何人可憐你，安慰你，有的只是冰冷的面孔和嘲諷的眼神。再怎樣的艱難自己也得熬下去。幾個月以後，我已熟練地掌握了從選擇炮位打眼到裝炮藥的全部技術，幹部見我選擇炮位的技術好，每炮都能開出較多的片石，就把我抽出來專門負責選定炮位兼負責裝炮藥點炮的工作。

放炮的火藥是黑色硝藥，每次把硝藥充填進炮眼，裝好引線（即導火索），根據選擇好的點火的線路決定引線預留的長度。一般每天上下午收工時各放一次炮。這種火藥比起用雷管引爆的黃色炸藥來威力當然小得多，但每個炮眼裝進少則半斤，多則一兩斤的硝藥，爆炸起來其力量也不可小視。放炮時並沒有什麼嚴格的安全程序，只是現場叫所有的人退遠一點，同時高叫著「注意！放炮吶！——」而已。一次，一個坐在五六十米外的犯人，被一塊炸飛出來的乒乓球大的石頭正中腦門，我親眼看見他甚至來不及叫一聲就倒地當場身亡。這個犯人姓裴，年僅十六歲，之前是一個中學生，因收聽「敵臺」被判刑一年。收聽「敵臺」就是用收音機收聽美國或臺灣的電臺廣播，當時，這可是犯罪的。可憐年紀輕輕就這樣的命喪黃泉。出了這樣大的事故，當時好像大家都無所謂，幹部無所謂，犯人更無所謂。幹部心目中的安全，指的是不能有犯人逃跑，至於一條人命，實在算不了什麼，幹部在大會上連提都懶得提，死一個犯人確確實實就像死了一隻螞蟻。

春夏的桂林，天氣非常的潮濕，硝藥受潮後經常會出現啞炮。點燃引線後，有時有的炮並沒有響，見沒有了動靜，幾分鐘後，我會小心翼翼的慢慢靠上前去查看，有時看似死炮的會突然一聲巨響。我經歷過好幾次這樣的危險，大約我命不該絕，都是毫髮不損。

終於有一天，災難降臨到了我的身上。

為了使受潮的硝藥乾燥，有一天，我按慣例把硝藥放在一個鐵扒鍋裡，拿到石灰窯頂去烤。我沒有發現鐵鍋底已經有了一個細小的沙眼。突然轟的一聲，整鍋的硝藥瞬間衝向我的胸部頭部燃燒起來，我倒在了地上，好在開山的地點就在監獄的後門旁邊，離犯人的醫務室只有不到一百米，我被很快的抬到了醫務室。

整個胸部以上及雙手的手臂以下全是水泡，大的如雞蛋，小的如蠶豆。火辣的疼痛使我禁不住呻吟起來。我記得我沒有被注射一針消炎針，更沒有今天的醫院動輒就使用的輸液。唯一的用藥是魚肝油，每天數次的在傷口上塗抹魚肝油。當時正值炎熱的夏季，傷口的灼痛，讓心中好像有一團火在燃燒，非常難受。我赤裸著上身躺在病床上，不能動彈，更不能翻身。一個搞衛生的犯人負責為我餵點稀飯。晚上經常整晚不能入睡。

命運註定了我的一生就是如此的多災多難。在我還是很幼小的時候，一九四四年的春節，那時我應該是三歲半左右，就在那個除夕的夜晚，差點我的小命丟了。

母親燉了一大鍋的骨頭蘿蔔湯，燉了整整一個下午，也許是天命註定，那蘿蔔就是燉不爛，母親說，這在過去是從來沒有的。母親就把這一大鍋散發著誘人香味的蘿蔔湯倒進了一口大瓦盆裡，準備先油炸了「米花」（一種糯米做成的圓餅），再來慢慢地熬這鍋湯。我原本是趴在與廚房相鄰的房間的一張桌子上，看我的兩個哥哥下

「老虎棋」，由於看見桌子上還有半塊遺漏的「米花」，就興高采烈地拿起來跑到廚房準備給母親油炸。在昏暗的燈光下，我毫無察覺地竟一跤摔倒趴進了那盆滾熱的油湯裡。由於湯面浮著一層薄薄的油，雖然已離開火一個多小時了，但散熱很慢，雖不是一百度，至少也有八十、九十度吧，這是我稚嫩的肌膚無論如何也經受不起的。

據母親說，我的整個腹部和一部分臀部的皮膚都燙傷了，還有許多水泡。整整一個多月，我都只能屁股懸空睡在架空的床上。

今天我想像不出屁股懸空著怎麼能睡呢？在最嚴重的日子裡，一定是母親整日整夜地抱著我。我不知道家人給我上了什麼藥，肯定的是沒有去過醫院。後來似乎聽母親說過曾用過一種叫「萬金油」的藥膏。

在母親和親人的精心照料下，我幸運地度過了童年的這場劫難。直到現在，我肚臍的周圍還能看到隱隱的傷痕。於今我身處囹圄，這一次，是否還能幸運地逃脫？

大約是被燒傷半個月後，一天，文健哥來看我。等了好久，他看見我巍巍顫顫的由幹部帶出來，身上有的地方還纏著紗布，人已是面目全非。文健哥後來告訴我，當時他驚呆了，一句話也說不出，眼淚在眼眶裡打轉。一旁的幹部看見文健哥這樣難過，這樣動感情，不僅沒有絲毫的同情，反而凶起他來：「你這是幹什麼？你回去！」我對健哥說：「哥，你放心，我一定會堅強的活下去。」

也許是因為年輕，也許是因為這塗抹魚肝油的療法確是有效，一個多月以後我的傷口開始慢慢的痊癒了。

然而我臉上的皮膚已經變得一塊黑一塊紅，猶如一個京劇中的花臉了。人們議論紛紛，幾乎所有的人都認為我是被徹底的破相了，有的人還舉出了自己親眼所見的實例。最樂觀的看法是幾年以後會慢慢的好一點，但要恢復到昔日的光鮮是絕對不可能了。從監獄的衛生所出來我又回到了原來的開山的勞改隊，由於身體尚未完全康復，幹部就找了個閑差，安排我坐在山邊的一條小道旁，協助在遠處守衛的武警，不許犯人隨意走到警戒線附近。

我的這般的怪模怪樣，一些犯人對我表現得很同情，惋惜：年紀輕輕就這樣了，幾年以後，還得回到社會，今後這一生怎麼過？有些則有點幸災樂禍：看你還積極？這對於如此年輕的我，打擊是巨大的。我的一生難道真是要毀滅得這樣的悲慘與徹底嗎？

一個多月後，有一天，平時很少來監獄探望我的大嫂來看我。這時我的傷口大體上已好了，但臉上的皮膚尚未恢復正常，還是紅一塊黑一塊的。她一定也是驚呆了，我看見她強忍著眼淚，告訴我母親到漢口二哥那兒去了。

後來，我知道了母親臨行前曾來監獄看過我，此時，我正傷臥在床。管教幹部告訴她我不在，出外工去了。母親憑著她的一顆慈愛的心，一定是敏感到了什麼，就交代大嫂過些天一定要來看看。

啊啊，我的母親，我給你帶來了多少的牽掛與哀傷！寫到這裡，痛苦又一次填滿了我的胸膛。

心中的痛苦和絕望是可以想像的。為什麼痛苦和悲傷總是與我如影隨形？難道這就是不可抗拒的命運？我還是如此年輕，我要活下去，我要看看，未來還有什麼不幸在等待著我？我一定要戰勝這該死的令人詛咒的命運。就在此時我生命最悲慘最黑暗的時候，我也沒有喪失生活的勇氣，放棄生活的念頭甚至一分鐘也沒有出現。我想，我總得熬下去。痛苦的日子總會有盡頭。儘管現在是漆黑的夜，而且這夜是如此的深沉，如此的無邊無際，彷彿沒有盡頭。

同時我對自己的傷情作了冷靜的分析：我的皮膚是嚴重的燒傷了，但肌肉並沒有傷，皮膚經過新陳代謝後應該是能恢復的。我小時候被燙傷的肚皮，除了傷勢最嚴重的肚臍的四周，由於肌肉已被燙壞，留下了一點不明顯傷疤外，其餘的不都是恢復得很好嗎？我告誡自己，千萬要冷靜沉得住氣，不能心急，也許一切並沒有人們想像的那樣糟糕。我反覆地在心中叨念著學生時代就熟讀的俄羅斯偉大詩人普希金的詩〈假如生活欺騙了你〉：

假如生活欺騙了你
不要悲傷，不要心急
憂鬱的日子需要鎮靜
相信吧，快樂的日子將會來臨
心兒憧憬著未來
現在卻總是令人悲哀
一切都是瞬息，一切都會過去
而那過去了的，將成為親切的回憶

這首詩，是詩人寫於遭受沙皇流放的日子。它激勵人們在遭遇不幸時，要善於忍耐，要堅強樂觀的生活下去。一切都會過去，時間會抹平一切。生活可以欺騙你拋棄你，但你不能欺騙自己，拋棄自己。詩給了我力量與信念。但詩的最後一句「而那過去了的，將成為親切的回憶」，我感到詩人是過於浪漫了，起碼，對於我，那回憶不可能是「親切的」，而是刻骨而永久的傷痛。

奇跡出現了，半年以後，我臉上皮膚竟然是大大的好轉。又過了兩個月，不僅皮膚是白皙如初，連原來的一些雀斑都沒有了。只是在胸與頸部的交界處有一些不顯眼的顏色的加深。

我又一次感受到人要有堅強的意志和從容應對一切艱難困苦的勇氣，不管是怎樣的災難降臨都千萬不要驚慌。是的，一切都會過去。

一九六〇年，大飢荒席捲全國。監獄首當其衝。每餐的糧食定量越來越少。有次外出挖沙，午間吃飯時，每人就只發了三片兩個手指寬的紅薯乾。有的犯人當場就流下了眼淚。這還僅僅是這場大飢荒的開始。以後，那少得可憐的大米，越來越少。雖經過「三泡三蒸」之類的自欺欺人的處理，扒進肚裡卻好像什麼也沒有吃。吃的菜是千篇一律的蘿蔔白菜，連油星子都沒有，更不要說吃肉了。油水的嚴重不足，使肚子越發飢餓。明明是吃不飽，卻不許說，否則，便是「對糧食不滿」，對糧食不滿，就是對政府不滿，就是反改造。有的犯人吃飯前，先喝下兩大口開水再吃飯，以使肚子有點感覺。有的犯人兩人達成協議，你吃上午，我吃下午。這一切，都得偷偷的進行，一旦被發現，就是「對糧食不滿」，輕則遭痛斥，重則要被批鬥。

有時，我在心裡嘀咕：「對糧食不滿」，這講法好像不怎麼通，說起來彆扭得很。糧食它本身是一個沒有生命的物體，你對一個沒有生命，沒有情感的東西不滿，有什麼意義？就像你說「我對石頭不滿」，別人會莫名其妙一樣。全話應該是「對政府的糧食供應政策不滿」，也不知道為什麼，（但願是為了講話的簡潔）誰也不把這句話完整的講出來，包括管教幹部。

那時，我在副業隊種菜。我勞動很賣力，還能寫會算，我的二哥三哥在部隊裡經常給我來信，對我進行教育。尤其是二哥的信長篇大論，他本身就是一個政治教員，又極能寫，從國際形勢到國內形勢，侃侃而談，教育我一定要好好改造，才有出路。幹部檢查信件看了後，往往拿到區隊甚至中隊的犯人大會上朗讀，以教育其他犯人。於是幹部們開始形成一個印象：許文逸雖然是反革命，但家庭是好的，（家庭是中農，幾個哥哥在革命部隊，共產黨員。）本人學生出身，本質也是可以的，屬於可以改造好的新生的反革命。（在幹部的心目中，那些老反革命，即歷史反革命是根本改造不好的。）

在監獄裡管理犯人的部門稱管教科。基層的生產單位叫區隊，一個區隊根據所從事勞動的不同情況，人數在六、七十人到一百多人。區隊長是由管教科委派下來管理犯人的國家幹部。每個區隊裡有若干個小組，每個小組有一個生產組長，一個學習組長，都是犯人，由幹部指派。學習組長是半脫產的，負責每天晚上組織犯人讀報、學習文件，組織引導犯人們發言並做好記錄，經常還要寫稿負責出牆報等等。學習組長每日只參加體力勞動半天，餘下的半天一方面是確實有些學習上的事情需要點時間處理，一方面也算是對其晚上組織學習的一個補償吧。而生產組長因為要管的事情很繁雜，所以是脫產的，即生產組長是完全不參加體力勞動的。監獄裡一個小組一般二、三十人，也有的有三、四十人，一個區隊有三到五個小組。一個區隊只有一個大組長，區隊長賦予大組長很大的權力，整個區隊犯人的勞動調配、管理、考核都由大組長最終掌控。

我在做了一段時間的半脫產的學習組長後，升任為脫產的生產組長，掌管著四五十人的生產安排和管理。最後做到了大組長的位置，管理上百人的整個副業隊。那一年，我二十歲。

管理副業隊的幹部叫俸雙明。他十六歲就參加了共產黨領導的桂北遊擊隊。由於沒什麼文化，所以還是一個最一般的幹部。他是我在監獄見到的最善良，最有人性的幹部。他經常會指示我叫人偷偷的從菜地裡搞些莧菜之類的蔬菜煮上一大鍋，讓大家飽餐一頓。菜裡沒有油，放些鹽巴，辣椒，每人可以分到一大缽。每逢這時，犯人們都像過節一樣，興高采烈。偶爾也能吃到南瓜，甚至紅薯這些高級食品。這一切，都是嚴格保密在工地上進行的。大家都知道，誰要是壞了這事，不被眾人活活掐死才怪。

這些菜蔬並不能阻止由於飢餓和營養不良造成的疾病。所有的人都是菜青色的面孔，消瘦的身軀虛弱得就像人們說的，有個螞蟻擋在路上腳都邁不過去。一半以上的犯人都浮腫了。腳背腫的老高，用手輕輕一按就是一個坑，很久都不能消。一個很小的斜坡都要用手撐著腿膝蓋艱難地一步一步行走。

我睡的床鋪旁的窗戶對著監獄的後門。每天都看著有死人抬出去。從監獄後門出去向西走大約半里，就是鐵路，順著鐵路往南再走大約一里地，是監獄的菜地。菜地旁邊就是犯人的墳地。開始還有幾塊薄的木板，以後就用草席一卷了事。死人也越埋越淺。許多無家的飢餓的野狗晚上來光臨，把屍骨和衣服都刨了出來。走過那裡，感到陰森森的。

有一段時間，由於犯人很早就收工了，菜地裡又種了些紅薯，怕有人來偷，幹部就叫我在那兒守著，待到天黑了，我才一個人慢慢地走回來。（幹部相信我絕對不會逃跑。）很大的一片菜地，旁邊是很大的一片墳地。四周連一個走動的人都沒有，沒有一點聲響，到處一片靜悄悄。天還沒有黑完，墳頭的螢火蟲就出來遊蕩了，一閃一閃的磷火，真像是傳說中的鬼火。幹部問我怕不怕？我說：不怕。這是真話，我是一個徹底的唯物主義者，我不相信這世界有鬼。但我知道比鬼更可怕的是人。現在，人我也不怕，我本身就是一個犯人，生活在社會的最底層，嚴格地說，我甚至不是一個人，只是一個能說話的東西。我怕誰？只有賊怕我，賊見了我不跑才怪。

近些年，我曾多次路過那裡，但已經找不到一絲當年的影子。這裡早已蓋滿了高樓。唯鐵路依舊，青山依舊。以此為坐標的參照，還可以依稀的判斷出昔日勞改隊菜地的方位。——什麼地方是一片白菜地，什麼地方曾種過紅薯。五十年過去了，人事全非，景物全非，剩下的只有無盡的感慨與歎息。

我已經很瘦了，一天一個偶然的機會，我在磅秤上秤了一下，我發現我的體重居然已不到九十斤了，比入獄前瘦了二十多斤。也許因為年輕，更由於我的母親每月都來看我，給我送吃的。我記得，母親經常給我送些用米糠和艾葉（一種野菜）做的粑粑（當時號稱營養餅）來。這些富含維生素B的食品使我免受了浮腫的折磨。這些都是母親勒緊了腰帶從自己牙縫裡省下來的。我不相信，世上還有比母愛更偉大，更無私的愛。

人們飢餓的情景有這樣的一件事，深刻在我的腦海裡。

蔣明俠，大約三十歲。原是桂林市桂劇團的編劇兼演員。五十年代桂林市有部很有名的現代桂劇《山村復仇記》就是他的手筆。可以說是青年得志。此君由於太傲視一切，終於成了候補上來的漏網右派，獲刑五年。他就睡在我的旁邊不遠。（監舍裡睡的是雙層的大通鋪）有天他從睡鋪上爬過來突然對我說：「許文逸，我們兩人打個賭，你信不信，我可以空口把你這瓶子裡東西吃完，不喝水。」我對飢餓時人的種種不可思議的行為，早領教多了。但我仍然是目瞪口呆了。這個一千毫升的大口瓶裡裝了大約十幾塊豆腐乳，另外就是辣椒醬，用醬油滿滿的泡著。這是我母親昨天給我送來的。飢餓狀態的人對鹽彷彿特別感興趣，但要把這麼多的鹽的飽和物吃下去，不喝一點水，還是令人很難想像。我當然捨不得如此珍貴的東西拿來打賭。許多年以後，有天我在街上遇見這位仁兄，此時，我們都已獲平反。兩人很高興的緊緊的握手，寒暄一陣後，我說起這事，他怎麼也想不起來了。喃喃地說道：有這樣的事？

這也難怪，那時，他也許是瘋了，或者快要瘋了——因為飢餓。

有天深夜，對面牢房傳出搶天呼地的淒厲的叫聲，第二天才知道是一位犯人把他家裡當天送來的二十粒粽子全吃了下去，這些用糯米做的粽子每粒最少有二兩多，不把人撐死才怪。事實上，不少的犯人在私下的交談中都表示：能美美的飽餐一頓，死也願了。

在那些充滿飢餓與死亡的日子，犯人們處於一種半死亡的狀態。講話有氣無力，慢吞吞的，異常的遲鈍，深深的凹進去的一雙眼睛，閃著鬼一樣的幽暗的光。對一切可以塞進肚裡的東西，反應卻是想像不到的機敏與靈活。我曾親眼看見在菜地勞作的犯人，偷偷的把剛摘下的辣椒大把大把的往嘴裡塞，就像在吃什麼新鮮的水果，甚至把菜苔往嘴裡塞，把活生生的泥鰍甚至蜈蚣（這也太恐怖了）往嘴裡塞。

在菜地裡，有一個犯人發現了一條約一尺多長的小蛇，便用鋤頭按住蛇頭，正準備騰出一隻手去抓，說時遲，那時快，另一個犯人一鋤頭下去，搶走了蛇的下半截……

作為一個犯人組長，這種「對糧食不滿的事」本來應該管，但每當我看見這些情景，我總是扭轉頭，裝沒看見。因為我的良心告訴我，這是人在萬不得已時候的選擇。人在極度的飢餓之下，自尊心和理智都會逐漸消失，為了填飽肚子，或者說為了肚子裡有東西，往往會不擇手段，並且，不顧一切危險。種種悲慘的景象，我看得太多了。

無數的生命就這樣的在飢餓中掙扎，最後消逝。

儘管我也是骨瘦如柴了，但由於母親的那些寶貴食品，使我仍保持著清醒的理智，我從不拿生命冒險去吃那些可怕的「食品」。我的精神狀態沒有崩潰，記憶力還是極好。那時停電是經常的事，晚上每當停電，就要由犯人組長或者幹部點名，然後由幹部馬上鎖門。我在的那個牢房一百多個犯人的名字，我能很輕鬆的在漆黑的情況下按人睡覺的位置依順序進行點名。

副業隊裡有一個犯人叫應星海，三十出頭。醫學院本科畢業，原是桂林市一家國有大醫院的五官科醫生，右派分子，在單位被監督管制勞動。此君不甘於這樣屈辱的生活，偷偷的從雲南邊境沒費多大的勁居然偷渡到了泰國。他曾對我說，你怎麼要從廣州走呢？雲南那邊鬆得很。到了泰國以後，他發現那兒的華人很多，而且那兒非常落後，（當時的泰國比當時的中國要落後很多。）像他這樣科班出身的醫生簡直就是一個寶，很快他就混出點樣子來了。飽暖之後，他思念起新婚不久的妻子，就偷偷的溜了回來，想把妻子帶出去。誰知風聲走漏，被逮個正著，獲刑十五年。一個堂堂的醫學院畢業的醫生，衛生知識不可謂不深厚，但極度的飢餓之下，什麼都顧不得了。一天在隊伍裡走著，他突然看見泥地裡露出一小截指頭般大的紅薯，便迅速的彎下身，等他立起來時，紅薯已經通過了食道到肚裡了——他甚至連擦都沒有擦一下，還笑著說，在胃裡慢慢的消毒吧。他很健談，臉色泛黃稍有些浮腫，喜歡偶爾和我下幾盤象棋。以後他調離副業隊，再以後聽說是死在了勞改隊。

「窮則思變」，餓極了更加思變。不知從什麼時候起社會上瘋傳著一種叫「小球藻」的營養品。一些文人和所謂的「專家」，紛紛在報紙上撰文，從科學上對其豐富的營養作了論證，而生產這玩意的原材料是太容易得到了：這就是人的小便。

於是乎「小球藻」便成了無盡暗夜中的一束希望的燭光，精疲力盡的溺水者的一根救命稻草。全國刮起了一陣生產「小球藻」的旋風。

我所在的副業隊理所當然的擔起了「小球藻」的生產重任，根據幹部的指示，我是直接的生產負責人。七八個面積約十平方米高度五十釐米左右的水泥池很快建好。盛小便的便桶經過仔細的沖洗，是專用的。池中先放進半池自來水，再倒入一些小便，漚了幾天後，池面上浮起了一層綠茵，微微有點淡黃。期間，每天要用木耙進行幾次攪拌。再經過幾天，把池子下面的水濾掉，收集，曬乾或者烘乾，那像米粒般大小的淡綠色的小球藻結晶體就生產出來了。這些產品被送到了監獄的幹部那裡。我不知道它最後是否將經過化學成分的檢定，更不知道幹部們是否享用了，但我知道即使是快要餓瘋了的犯人卻是對它沒有半點的興趣，因為他們都知道這玩意除了小便沒有任何的東西。我對我們黨的報紙和報紙上的文章從來是堅信不疑的，儘管常識告訴我它不大可能有什麼營養成份。我還是偷偷的拿了一小勺，聞了一下，一股刺鼻的騷味撲面而來。心想，不就是小便嘛，反正死不了人，又壯著膽嚐了一點，那味道確是不好吃，趕緊吐了。

幾個月以後，「小球藻」下馬，水泥池恢復成了平地，報紙上的讚賞聲偃旗息鼓。而代之的是對「小球藻」的一片質疑與咒罵聲。

直到前一兩年，一次偶然，我接觸到一些資料，我才發現這是一起「冤案」。這一切，不是小球藻的錯。小球藻（也稱綠藻），確是含有蛋白質、維生素、多種礦物質和核酸等的一種單細胞綠藻，營養豐富。現在依然是發達國家公認的優良保健食品。世界上最早進行研究的國家是日本。日本在二十世紀六十年代就已開始了工廠化生產。以後臺灣也引進了該項技術，成立了全球第一家綠藻工業股份公司。日本對小球藻的研究與開發，靠的是嚴謹的科學方法，有專門的科研機構。開發出生產小球藻的專門的培養基，這絕不是簡單得只要人的小便就能達到的。好的產品會有很濃純的水藻香味，絕對不會有騷臭。那時的中國正處於嚴重的飢荒，也許風聞了此事。但我們走的是另一條路，採用的是慣用的老方法：群眾運動。沒有科學方法的指導，一知半解，完全憑發熱的頭腦，想當然的胡搞。我是親身見證並參與了這場小球藻的鬧劇。來時轟轟烈烈，聲勢浩大，迅猛異常，消失得也快，瞬間無影無蹤。

我刻苦的鑽研種植技術，通過幹部到書店買了不少蔬菜種植的技術書籍，用心地學習，並虛心向一些原來的菜農請教，我很快成了這方面的行家裡手，熟練的掌握了各種蔬菜的生長季節和特性，對病蟲害的防治也頗有研究。把幾十畝菜地管理得很有條理。我帶人重新測繪了所有的菜地。為了便於管理，把一些過去由於各種原因形成的零碎的土地，進行了規整，並繪製了地圖。每塊菜地都標注了面積。

擔任地圖測繪的名叫王必顯，是犯人的學習組長，他的睡鋪和我緊挨著。當時他大約四十歲，入獄前是廣西興安縣中學的語文教師。其父是桂林市一家有名的大藥房的老闆。犯罪的案由是一九五一年，桂林市剛解放不久，那時王必顯在桂林市工商聯裡任一點小職。他的一個親戚想到離桂林百多公里的一個叫恭城的縣辦點事，那時到外地可是要路條（證明）的，王的這位親戚就托王在工商聯開了一個證明。事情到了一九五八年被翻了出來：一九五一年在恭城縣曾發生過一起所謂的反革命暴動案，而王的這位親戚和這起案子又有些干係。王必顯，你幫他開證明，罪責難逃。於是，一九五八年王被以反革命罪判刑十五年。

在他和我的睡鋪之間，放著一個約一尺見方，六七寸高的小木箱。晚上學習時他伏在上面作記錄，大家都睡了，他伏在上面編寫他的中草藥的《驗方新編》。牢房的電燈是通宵不滅的，我時常半夜醒來，看見他還在聚精會神的寫著。他是用毛筆寫的，非常工整的蠅頭小楷。紙是一種叫「湘紙」的很柔軟的紙。裁成約32K大小，基本上就一本書大。我真佩服他的精力與意志，因為第二天還要幹繁重的體力勞動。

然而，在一次大搜查中，（監獄時常會搞一下突擊的搜查），他的這些手稿都被拿走了，厚厚的一大疊，起碼有五六寸厚。我看見他的眼睛裡含著淚花，呆呆的看著，不僅不敢言，連怒也不敢有絲毫的流露。我都為他難過。監獄的幹部大約是要看看這裡面到底寫的是什麼，有沒有反動的內容。即使是純粹的醫學，也是不允許的，幹部認為，監獄裡就是改造思想，不是叫你來著書立學的。這些手稿以後也沒有退還給他。

令我吃驚的是，十幾天以後王又開始了他的編書生涯。依舊是手執毛筆，一絲不苟的蠅頭小楷，依舊是每天熬到深夜。

王必顯一九七三年刑滿釋放。有一天，我在街上遇見了他。這時他已五十多歲了，顯得很蒼老，皮膚曬得很黑，鬍鬚也長，一定好些日子沒刮了。他告訴我，他現在在火車貨運場挑煤，每擔都在一百五十斤以上。我說你要保重身體，年紀已不是當年。他苦笑著說：「現在腰腿都不行了，但又有什麼辦法？」

一九八〇年，王必顯獲平反，到原學校辦理了退休。王必顯對古詩詞很有些研究，後來擔任桂林市詩詞楹聯學會秘書長，還在家主編《荒田詩選》，不定期出版。一九九四年，他向我約稿，我拿了我的幾首古詩詞給他，均在《荒田詩選》中刊登了出來。下面選錄其中的一首七律：

贈友人王必顯（共三首）之一

囹圄同窗年少時，蒼涼往事夢依依。
炎炎赤日偏勞動，寂寂長夜盼仰晞。
怒目不堪惟忍辱，呵聲怕聽強知非。
難忘把盞低吟處，月光如水照古稀。

這首七律，王必顯作了唱和：

次韻奉和許文逸先生贈友詩

囹圄生涯誤少時，三師盡失夢魂依。
休嗟勢事新遷異，只惜命機運無睎。
青春寶貴荒廢掉，老邁朽衰面全非。
唯憑鄧叟施恩澤，險些陰朝度古稀。

王為我用棣書寫的一付嵌名聯，至今我是極好的保存著。對聯是：

文章含雅致
逸興蘊風流

二〇〇四年的一天，我和朋友到一間茶樓喝茶，遇見王的夫人。我問及王的近況，他的夫人說：「他到另一個世界去了，在那裡，他不再有煩惱，他平靜了。」我淒然。此刻，那在牢房昏暗的燈光下，他伏在箱上聚精會神奮筆疾書的畫面浮現在我的眼前，久久不能散去。他是那樣的專注，那樣的執著。然而，在強大的命運面前，他無能為力。在他晚年的一首詩中，曾感歎命運的不濟，「三師」盡失，（指教師，醫師，會計師——早年他曾讀過高等商業專科學校）在他人生事業的黃金年代遭滅頂之災，一生就這樣在蹉跎的歲月中消磨殆盡。以我所瞭解的他的性格，他不會平靜，也沒有瞑目。

根據繪好的地圖，我把菜地一片一片的分包給各個作業組，定產品種，定質量，定產量，勞動效率和積極性大大提高，犯人們會主動地想方設法攢積肥料，精耕細作，蔬菜的產量和質量大幅上升。大家也願意這樣，完成了任務，找個地方休息一下，沒有人責罵，感到自在多了。

這樣的包產到組，我不知道當時我是怎麼想起要這樣做。也許是我認為這樣包下去，我好管理些，我的工作會輕鬆些。一九六二年，我的事蹟被整理成文，供整個監獄的犯人學習。一天幹部俸雙明以帶我上街買書的名義，帶我回了一次家。母親很高興的煮了一大碗麵條給我吃。俸雙明對我母親說，許文逸很快就能回來了。

然而，我並沒有很快獲釋。後來，俸雙明告訴我，原先報上去對我是提前兩年多釋放，但勞改局沒有批，只給了我減刑一年。我畢竟是一個反革命，用一句當代流行的話：還是「悠」著點好。

俸雙明後來調到桂林市一家小型的國營電子廠，幹行政科長的閑差，後來離休。上世紀八十年代，我專程到廠裡找到了他。向他表達我的深深的謝意，感謝他在我最不幸和最艱難的日子裡，給我的關照。並告訴他，我已經平反。他見了我非常高興，緊緊地握著我的手，說，那時，你還完全是一個學生的樣子，太小了，也不像壞人。多麼善良樸素的語言。

好人當有好報。衷心祝願俸老先生晚年幸福。

在飢餓最嚴重的時候，大部分的犯人或是浮腫或是其它疾病，一個個面黃肌瘦，監獄已不怎麼出工。只早上稍稍勞動一下就回來休息了。（有些人也根本出不了工了）下午，監舍裡安靜得很。大家都躺在床上，很少講話，人們都本能的知道儘量的節省能量的消耗。大院裡也沒有了閒逛的人。

監舍裡靜悄悄，甚至走動的人都極少，那真是一種死亡的寂靜。在這死一般的沉寂中，我卻得到了一段難得的讀書時光。

睡在我隔壁鋪的王必顯的家屬為他送來了一套四卷本的肖洛霍夫的《靜靜的頓河》。對這本著名的小說我是心儀已久，於是馬上借了過來。我靠在床頭，每天中午吃完飯就開始了如飢似渴的閱讀。有時晚上學習完，則借著監舍昏暗的燈光讀到深夜。

應該說這本書對我文藝觀點的形成起了很大影響。這是一部真正的史詩般的文學巨著。小說廣闊的歷史畫面，真實而生動的展現了俄國頓河地區哥薩克民族多姿多彩的生活，再現了哥薩克民族在一九一二到一九二二年那段動盪歲月的歷史。這場俄國的布爾什維克的革命，打亂了哥薩克人原本平靜的生活。

小說的主人公葛利高里是一個很複雜的人物。他的生活就像頓河的波濤一樣，始終不能平靜。他參加過紅軍，後又加入了叛軍。在血腥而殘酷的戰爭中，他殺死過紅軍，也殺死過叛軍。這場革命到底給哥薩克人帶來了什麼？幾年下來葛利高里的父母死了，兄嫂死了，妻女死了，最後他的情人也死了。

作者對戰爭中的殺戮的殘酷行為，不管是白軍還是紅軍，都是持強烈的批判態度。小說的最後，葛利高里的情人阿克西尼婭被追捕的子彈擊中，死在了葛利高里的懷裡。葛利高里用身帶的佩刀跪在地上，一點一點地挖出一個墓坑，埋葬了他生命中最後的至愛。小說的這個情節和葛利高里的命運深深的打動了我。

葛利高里的悲劇既是他個人的悲劇，也是歷史的悲劇。作者尊重歷史的真實，有著偉大的人文精神和高尚的品格。

一九六〇年，中國和蘇聯的矛盾還沒有完全公開化，許多蘇聯的文學作品還可以在中國流行。不知從哪裡我又弄來了一本蘇聯的小說《第四十一個》，書中的紅軍女戰士和一個她的俘虜白軍軍官，由於一場海上的風暴而被沖到一個只有他們兩人的荒無人煙的孤島上，兩人從開始的互相敵視、警惕，隨著時間的推移，居然產生了愛情。故事的結局是白軍的軍官有一天發現了遠遠海面上經過一艘白軍的船隻時，不顧女戰士的阻止，執意呼喊求救，被女戰士一槍擊斃，但隨著軍官的倒下，女戰士在一聲撕心裂肺的慘叫後，也痛苦的倒在了沙灘上。

如果生活中真有一個那樣的特定的環境，我感到這個故事是可信的。因為，這就是人性。然而，這與我們傳統的馬克思主義的文藝觀是格格不入的。按照「典型環境裡的典型人物」的理論，應該這樣寫：女戰士（這樣一個典型人物）和她的俘虜被風暴沖到孤島上，女戰士始終保持著極高的革命警惕，他們會產生愛情？那簡直是天方夜譚，絕對不可能的事，她的心裡只有階級仇恨。當白軍的軍官向遠處的船隻求救時，女戰士此時沒有絲毫的猶豫一槍就把他擊斃了，而隨著白軍軍官的倒下，女戰士的臉上洋溢著的是勝利者的喜悅。

從高中開始，也許是閱讀了大量的世界名著的緣故，我就對飽受批判的「資產階級的人性論」心中贊同。如此年輕的我，就這樣多的離經叛道的奇思怪想，我這一生不倒楣，那真是怪事了。

在我刑期的最後一年，我被調到郊區的一個勞改農場。農場很小，只有四五十個人，都是即將滿期的犯人。沒有圍牆，也沒有荷槍實彈的「政府」。所有的犯人住在一間約一百平米的茅草屋裡。雖然我還是組長，但在這兒已沒有脫產的優待了。因為這裡的勞動很簡單，就是種著一百多畝水稻和少量的蔬菜，有時到山邊砍點柴草，也無需考慮防止犯人逃跑的事。

在這兒，我經歷了最辛苦的雙搶（搶收搶種），這是一年中最炎熱的季節。每天清早，天空才剛剛發亮就起床了。匆匆的扒了幾口飯，拿上鐮刀到稻田裡開始收割稻子。割完了一大塊田，太陽已經老高。然後是打禾，挑穀，犁田，耙田，第二天一早是扯秧，洗秧，挑秧，插秧，就這樣的一天天的輪回的忙碌著。收工時候往往已是「月上柳梢頭」了。火一般的太陽烤著田野，稻田裡的水被曬得滾燙。插秧的時候是「臉朝熱水背朝驕陽」，一股一股的熱氣衝到臉上。一天下來，倒在床上動都不想動了。為了搶季節，這樣緊張的勞動往往要持續十幾天。

在農場裡，過了雙搶的季節，其它的日子還是比較好過的。紀律也相對鬆一點。有時晚上不學習，聚集在茅屋裡的犯人們也會熱鬧一下。有一個姓陳的小夥子，原是廣西大學的學生，困難時期休了學，想出來做點生意，結果與合夥的人鬧了矛盾，為了報復，就用欺騙手法騙走了合夥人三百元，被判刑一年。陳有一個很不錯的歌喉，他唱印度電影《流浪者》中的《拉茲之歌》和《麗達之歌》，手拿著一件破衣裳搭在肩上，一步一晃，聲調充滿了蒼涼與茫然，模仿得是惟妙惟肖。

有一天，我和一個也是姓許的犯人閒聊。我和此君的關係平時是很不錯的。他戴一副近視眼鏡，挺斯文的樣子。我頗有些感慨的說：「五年了，還有幾個月我就要期滿，只要不犯什麼大錯，很快就能出獄了。」

不知道此君把我這句很平常的話做了怎樣的篡改和加油添醋，他竟然偷偷地彙報到了管教科。後來我才知道，就是他的這個小報告，使管教科確信我這個反革命還很靠不住，還需要繼續改造。從某種意義上來說，這個小報告改寫了我的後半生。

如果不是繼續改造的需要，我不可能被留廠就業去做鉗工，我以後的幾十年就不可能從事機械這個職業。也不可能因為到一個農村集鎮修理車床而邂逅我今日的妻子。我會做什麼呢？搞建築？（我稍懂一些建築的知識）還是做生意？

這一切，似乎都是冥冥之中一隻強大的命運之手在掌控著。

一天中午，遠遠的公路上搖搖晃晃的來了一輛自行車。這條僻靜的公路平時很少有人過往，所以自行車的到來很引起我的留意。車子越來越近，終於看清楚了來人的面貌。啊，原來是大哥文鑫。他怎麼來了？再仔細一看，自行車的後座上還搭著一個人——那是我的母親。

近二十里凹凸不平的鄉間土路，坐在自行車後座上的顛簸之苦是可想而知的。大約是騎車累了，忠厚老實的大哥有點氣喘吁吁，而母親的臉上卻露出難得的笑容。我對母親說：「還有兩個月我就要回家了，你們以後不必來了。路途又這麼遠。」

母親給我送來了一些麵條等食品。（在農場煮食還是比較方便的）臨走時母親是千叮嚀萬叮嚀叫我注意身體，不要出什麼事。看著母親遠去的背影，我暗暗的在心中立下誓言：回家後，我一定要好好的孝敬母親。

冤海拾零

進入監獄不久，小組裡來了一個新犯人，名叫張學恭，大約六十多歲。這是一個面容極其慈善的老人，整天悶著聲，不說一句話。有一天，家屬來探監，我的母親來看望我。我突然看見張學恭也在探監的地方和一個人交談，那個人我是太熟悉了。他曾做過我初中時一年的班主任，名叫張寶文。張寶文老師是所有的同學都非常熱愛和尊敬的老師，年輕英俊，大約三十多歲，個子高，有一米八左右，（這在那個年代，已經算很高了）背底下我們又叫他高老師。我們都知道他畢業於教會學校，英文極好。我記得有一次學校的文藝晚會上他和另一位老師表演兩人合彈一台鋼琴。班會活動時，他極有風趣的教我們排演小型話劇，（有點類似現在的小品）這是一個多才多藝的老師。他怎麼來了呢？他是張學恭的什麼親屬？

後來，我找了一個機會，和張學恭交談了很久。他告訴我，張寶文是他的親生兒子。他和妻子解放前就到了美國，居住在美國費城，是一個牧師。他的兒子是一直居住在國內。到了一九五五年，懷著一腔愛國熱情和對故鄉親人的思戀他回到了祖國，打算安享晚年。豈料到了一九五八年突然被以反革命罪抓捕，判刑十年。他對我說：「我只是一個天主教的牧師，從來不過問政治，實在不知道自己犯了什麼罪。如果我是一個歷史反革命，有罪之人，我還從美國跑回來幹什麼？」。在一九五八年，那個大躍進的年代，彷彿司法部門也在大躍進，抓了許多他們認為歷史上不是那麼乾淨的人，動輒就是判十年、十五年。

一九六〇年，張學恭老人病逝於監獄。

中國共產黨的祖師爺有句名言：「政策和策略是黨的生命。」這就不難理解為什麼會有那麼多的出爾反爾的事情了。原來這一切都是策略性的。今天我不關你，不抓你是對的，是形勢和鬥爭的需要；明天我關你，抓你，也是對的，也是形勢和鬥爭的需要。監獄裡我見到許多原國民黨軍隊中的軍官，他們有的是早已卸甲歸田，不再涉及政界、軍界；有的甚至是起義投誠的人員，開始的時候，什麼事都沒有，一旦政權鞏固，就開始一個一個的收拾。記得名字的有：劉德宗，周夢剛，陳瑞強，趙贏洲，蔣道寬，關崇政……在強大的專政機器面前，哪裡有這些人說話和申辯的機會，根本就不需要進行什麼正式的審判，就可以判個十年八年的。那是一個沒有法治的荒唐的年代。這些歷史反革命還是監獄的重點管理對象，用管教幹部的話來說他們骨子裡就是反革命的，是死不改悔的危險分子。像我這樣的是新生的反革命，還比較好改造一點。

李步仁，出身於有錢人家。讀了兩次大學，先畢業於廣西大學數學系，畢業後感到工作不好找，又到廣州中山大學讀了地質系。由於其老婆與國民黨一些要員的夫人關係親密，李在共產黨進城前在國民黨桂林市黨部任書記職務，在那個年代這是一個沒有任何實權的閑差，和今天共產黨活躍在基層或高層的權傾一方的書記，沒有任何的可比性。他對我說，他原本可以逃到香港，而且已經走到了半路，快到與廣東接壤的梧州了。但他的內心不願捨棄自己的故鄉，出去過那流離而無定的生活。在他聽到共產黨的宣傳說偽職人員只要不是罪大惡極，登記了就沒有事時，他也認為，我沒有與共產黨為敵過，也沒有做過什麼壞事，問心無愧。只是吃吃喝喝，打打麻將混日子的人，所以又回到了桂林。當時也確是沒事，平平安安的過了好一段日子。哪知道兩年後，到了一九五一年鎮反時，就被以反革命罪判刑十五年。後來我留廠就業時，他做過我的師傅。他那深厚的理論知識和扎實的計算能力，給我留下了深刻的印象。

留廠就業時，我和他住在同一個房間。有次管教幹部訓話時，痛罵蔣介石不抗日，放任日本人進來，給中國人民帶來深重的苦難，全靠了共產黨才把日本人打敗了。管教幹部罵的是蔣介石，劍指的卻是就業人員中為數眾多的原國民黨的官兵和所謂的偽職人員。目的就是要徹底摧毀這些人心中還殘留的那一點點自尊。李步仁私下對我說：「這話講得不合事實。武漢保衛戰，長沙會戰，打得非常慘烈，我認識的幾個朋友都在戰場上犧牲了。還有淞滬保衛戰，台兒莊大戰，投入的兵力都是幾十萬，怎麼能說國民黨一點不抗日呢？」

一九七三年的一天，我在街上遇見了他。此時，我和他都已離開了監獄的就業隊伍，回到了社會。不同的是我沒有戴四類份子的帽子，他卻被戴上了一頂反革命的帽子。所謂的戴「帽子」，就是共產黨把那些不放心的「地、富、反、壞」分子或一切他們認為有問題的人，由派出所、街道或單位管制起來，這些人必須隨時接受檢查，不得亂走，到什麼地方必須請假、報告。他神色淒然的向我講述被管制的悲慘生活。每天早上一大夥「四類份子」眾目睽睽之下的掃街還可以忍受，（這種掃街是懲罰，更是羞辱。）但晚上的學習卻是難捱。一夥「四類份子」圍坐在一起，常常是一個年輕的派出所警察訓話，語無倫次的罵人，罵娘，操祖宗，盡力的羞辱你的人格。有時興起，叫出幾個他看不順眼的，責令面對面的站著，互相打耳光，直到打累了為止。李步仁對我說：「這種事情有一天如果落到我頭上，我是絕不會幹的，大不了不要這條老命。」最後，他用一種極為悲壯的語氣說道：「士可殺，不可辱。」此時，我知道，他對這世界已經完全絕望。

像他這樣一個在六十多年前就有著兩個學士學位的高級知識分子，和中國無數的知識分子一樣，完全不懂得政治的出爾反爾和卑劣無恥。他太輕信了，以致囫圇半生，淒苦不堪。到了晚年，還要受到如此的人格的凌辱。他的內心一定是充滿了極大的痛苦。

次年，李步仁病逝。

蔡其人，是我的同學蔡寶鵬的父親。蔡寶鵬就是我前面寫到的也是被學校批鬥開除的同學，那天夜裡，他和我一同離開了學校。在一九五八年的那個令人難忘的痛苦的夏天，我到過他家裡很多次，我認識他的父親。我進監獄時，驚奇的看見蔡其人也在裡面了。那時，蔡其人在監獄的老弱隊，每天的工作是手工編織草鞋。半年不見，他已是瘦弱不堪。有一天，一個難得的休息日，很多犯人在大院裡曬太陽。我走到他身邊，他也馬上認出了我，向我點了點頭。我小聲地問他：「你怎麼進來了？」

「唉，一言難盡……」他痛苦的搖了搖頭，並沒有和我多說什麼。

一九七九年初，我到蔡寶鵬家裡，時隔二十一年，我再一次見到蔡其人，真有恍如隔世之感。此時的他，已完全衰老了，乾瘦的臉上刻滿了深深的皺紋。談及往事及現狀，老淚縱橫，泣不成聲。

他的事情簡直荒唐得離奇。現在的人可能都難以相信在二十世紀中國的大地上會有這樣荒唐得不可思議的事情，如果不是我親耳聽到他的敘述，並親身見證了這樁冤案的前前後後，我大約也不會相信這是真的。——解放前，他是無錫鐵路部門的一個小職員，捕前他在桂林市煙酒公司一家門市部任主任，大約得罪了什麼人，被人檢舉說他是國民黨的特務。證據是有一張相片上的那個人已被認定是特務，而蔡其人很像這個人，你既然像特務，那你就是特務。被捕後只草草的問過一次話，關了幾個月後，就被判刑十九年。《紅樓夢》第四回裡有「葫蘆（糊塗）官亂判葫蘆案」，但在一個現代社會裡，居然還會出現如此荒唐的糊塗案：你像他，你就是他。既不允許你辯解，也不開庭，更不需要出示證據和請律師之類，法制被蹂躪到何等的地步！這哪裡是一個現代的社會？連昔日的封建王朝也不如。封建王朝的就算是一個一心打算徇私舞弊的縣太爺，也得裝模作樣地上上堂啊。假定有人寫現代版的《今古奇觀》，我想，這無疑是極好的一篇素材。

後來，蔡其人被轉押到廣西黎塘農場勞改，滿刑後又留場就業了兩年，回到家時，已是一九七九年，整整的二十一年了。回到家裡，還被戴上反革命「帽子」，早上掃街，晚上一夥四類分子一起學習，檢查反省。一個老實本分的善良公民，沒有犯一點事，居然被稀裡糊塗的關押了整整二十一年！滿腔義憤湧上我的心頭，此時，國家的政治氣氛已有鬆動的跡象。儘管這時我自己的問題尚未解決，但我在仔細的聽了他案情的陳述後，決心為他整理材料，寫訴狀。幾個月後，他得到桂林市中級法院的一紙裁決。裁決認定：原判事實清楚，證據確鑿，量刑準確。附帶說一下：這個裁定，和我半年後第一次申訴時得到的裁定幾乎一模一樣。我的法院裁決原文如下：

許文逸：

關於劉潤生、王清生與你等反革命偷越邊境一案，你來信認為，原判以反革命偷越邊境判處過重，要求平反。該案經複查：原判認定你們的犯罪事實清楚。根據當時的政策判處你有期徒刑六年是適當的。你的案件不是冤、假、錯案，根本不屬於平反糾正的範圍。因此，維持原判。此覆。

桂林市人民法院一九七九年十二月二十七日。

判是它判的，現在你想要它推翻自己昔日的判決，不到實在萬不得已，我們的司法部門是絕對不願自我改正的。我鼓動蔡到北京最高法院申訴。於是蔡一人偷偷的坐火車到了北京。回桂後，蔡被批鬥了好幾個晚上，被痛斥為不認罪服法。一個小警察朝跪在地上的他狠踢了一腳，說：「你膽子也太大，我看你跑！」為此，他的兒子蔡寶鵬曾咬著牙對我說，這傢伙有一天我要殺了他！

幾經反復，一年多後，他終獲平反，宣佈無罪釋放。蔡其人這時已到退休年齡，當年和他一起工作的人的工資早已成倍的漲了，但還按二十多年前他入獄前的工資打折後給他發退休金，理由是上面沒有這方面的文件。二十一年漫長的牢獄生活，他沒有得到一分錢的補償。我們這個執政黨永遠是如此的偉大、光榮、正確，以至它從來不需要為自己的罪孽而「埋單」。

又過了一年，這位清貧老實卻慘遭厄運淒苦一生的老人告別了人世。

算起來我和王祥昆應該是桂林中學的校友，他一九五二年從桂中畢業後考入東北工業大學自動化控制專業時，我剛剛進入桂中。認識他是在一九六四年，此時我已刑滿就業，在車間做鉗工。這時桂林機床廠（對內稱桂林監獄）正在搞銑床上馬，為了加強技術力量，便從湖北沙洋農場調來了三個就業人員，都是大學畢業生，王祥昆就是其中之一。（附帶說一句，這三個人日後都成了我的好友。）他和我同在裝配車間，彼此很熟悉。他早年學的是自動控制專業，現在幹的是普通的裝配電工的事，對於他，是太簡單了。一九七九年，我早已獲釋回家，他大約知道我還比較能寫，有一天找到我家裡，希望我為他寫申訴狀。我看了他的判決書，聽了他詳細的講述，為他寫了申訴狀。他的案情其實很簡單，不複雜。大學畢業後他分配到武漢重型機床廠工作，有次一台龍門刨床試機，王祥坤不小心燒壞了一個機床電路中的小變壓器，價值三十元（判決書上如是說）。此君也是年輕氣盛，嘴巴管不住風，平日裡很得罪了一些人。曾說蘇聯專家也沒什麼了不起，又說該廠的保衛科長的老婆整天不幹活，肥得像豬。（這些都寫在了判決書上）加上他出身地主家庭，於是便扣上了一頂「破壞生產」罪名，被判刑五年。我第一次知道了說一個人胖得像豬是可以作為判刑的罪狀。

一年後，王祥昆獲平反，改判為無罪釋放。現在他是一家機床廠退休了的高級工程師。大約是六七年前，我和他喝過一次早茶，敘及蹉跎歲月，兩人感慨萬千。

前些日子的一天，我到一個居民小區找一個很久沒有聯繫的朋友，突然聽見一個陌生的聲音叫我的名字，定下眼睛一看，「啊，謝式玄！」我不由得喊出了聲來。

一九六〇年，我在犯人的副業隊種菜時，謝式玄也在副業隊，他給我留下了深刻的印象。原因是他也是中學生，是桂林市第一中學的高中畢業生，年紀又和我相仿，而且，也是反革命。另外一個原因是我在他的家人來看望他時，發現他的妹妹居然和我是桂林中學的校友，我在高中部，他妹妹在初中部，是一個文藝活躍分子，經常參加各種演出。五官是端正而秀麗，皮膚卻比較黑，於是有同學就背地裡戲稱她「黑牡丹」。我們沒有任何來往，但畢竟是面熟的。

他瘦瘦高高的個子，皮膚很黑，小小年紀彷彿背就有點駝。因為犯人之間不許交談案情，我只大致知道他的案由是因為在學校的廁所牆壁上書寫「反動標語」，刑期是十五年。

我心中對他是充滿了同情的。心想，十五年，現在是小小年紀，出去時已經三十多歲了。這是多麼漫長的歲月！在我這樣想時，我是完全沒有料到，日後，我也將在監獄度過漫長的十二年光陰。

兩年多以後，我調離副業隊到了監獄的農場，和他分手了。再以後，我在監獄就業。聽說，他在另一個車間開銑床。兩人再沒有了來往。轉眼是四十多年，當年兩個剛離開校門的中學生，都已滿頭白髮。

長久以來，我對他的案情總是有點疑惑：他到底寫了些什麼「反動標語」呢？作為一個中學生，他寫這些幹什麼呢？上世紀八十年代以後，隨著全國平反冤假錯案的展開，我就在想，謝式玄的案子說不定也是一個冤案，不知他現在怎麼樣了？

他帶我到他家一個很小的雜亂不堪的房間裡坐下。隨著他話匣子的打開，他的案情逐漸的浮現在了我的面前。

他一九五七年在桂林市立第一中學高中畢業，當年沒有考取大學。於是回校補讀複習，準備來年再考。這時，學校裡發生了一件事：有人在學校廁所的牆上用鋼筆寫下了小小的一行字：「國民黨萬歲」。於是學校協同公安局進行了緊張的追查。最後發現就在謝式玄所在的那個班上，一個名叫黃世元的同學的筆跡與廁所的字跡很像。黃就成了最大的嫌犯。不知黃經過了怎樣的審訊，也許是壓力太大，一個多月以後，黃世元居然精神錯亂，瘋了。這件事也就不了了之的擱了下來。

看見平日自己要好的同學就這樣的瘋了，這對謝式玄的觸動很大。一天，謝在家裡的書桌前，在一張草稿紙上寫下了自己的隨感：「就幾個『國民黨萬歲』的字這麼要緊，把一個人都搞瘋了。」

寫完了，也沒放在心上，謝把紙隨手放在了抽屜裡。

謝式玄的父親原是國民黨中央社的記者，屬於偽人員。解放後過了幾年平靜的生活，這一切，就像許許多多的偽人員一樣。到了一九五八年，（有的在一九五五年）當共產黨再一次的清理階級敵人時，謝的父親就理所當然的成了反革命，被判刑六年。也是謝式玄倒楣，在公安局搜查他父親時，也「順帶」到謝式玄的房間搜了一下，結果在抽屜裡意外的發現了謝寫的紙條。

不管廁所裡的「反標」是不是你寫的，起碼你在心裡是同情和認可的。白紙黑字，你還跑得脫？於是，謝式玄的書寫「反動標語」的反革命罪成立，判刑十五年。

一九七〇年，謝已在監獄裡度過了十二年多，被「假釋」，戴著反革命份子的「帽子」由街道管制改造，直到一九八〇年平反，前前後後二十二年。

這是又一起以人的思想作為定罪依據的典型案例。

由於謝被捕前是一個中學生，平反後在經濟上和工齡上都沒有得到任何補償。一生就這樣完了，這樣的平反又有多大的意義？說到這裡，謝式玄那佈滿皺紋的極為消瘦而蒼老的臉上露出一絲苦笑，說道：「名聲上是好聽了一點。」

共產黨建國以來，冤假錯案知多少？遠遠不是我這本小書所能勝任的，我的所見所聞，還談不上是滄海一粟，暫此打住吧。

我的母親

一九六三年十二月四日，我刑滿獲釋。那天一早，我拿著簡單的行李，打了個背包，從離家二十里的勞改農場快步走回家。母親見到我，非常高興。這一年，我剛剛二十三歲，母親應該是五十九歲了。掐指算來，離家是整整的五年。母親已是滿頭的白髮，我不禁一陣心酸，真想抱著母親大哭一場。

吃過中午，我對母親說，我還得到監獄的管教科辦理手續，母親叫我快去快回，不要在路上耽誤。

我邁著輕快的步子行走在大街上。五年了，一切好像並沒有什麼變化。灰暗而死沉的天空下，一樣的低矮而破舊的房屋，一樣的沉默而毫無生氣的行人。多少個日日夜夜，多少的魂牽夢縈，現在，自由終於回到了我的身邊。

然而，我一到管教科就被訓了一頓。管教科的一個幹部對我說：「你為什麼先回家？」我說：「農場的幹部並沒有指示不能先回家，我不是已經刑滿了嗎？」管教幹部以一種不屑的口氣說：「你刑滿了，但你改造好了嗎？」我說：「我沒有犯什麼錯誤呀。」最後管教幹部對我攤牌了：「你最後一段時間改造不夠好，具體的問題你心裡清楚。你現在必須留廠就業，繼續改造。而且，你今天不能回家了。」

這真是我做夢也沒有想到的。五年來，我一直勤勤懇懇，積極改造，沒有犯過什麼錯誤。怎麼突然冒出一個「最後一段時間改造不夠好」來了？我深知留廠就業，繼續改造意味著什麼。然而，又有什麼辦法？管教科的決定是不容任何更改和質疑的，既不需要徵求我的意見，更不需要對我作任何的解釋。因為法律就像一個掌握在他們手中的麵團，想怎樣捏就怎樣捏。過了大約三、四個月，我才從一個好心的幹部的口中知道，所謂「沒改造好」，是我遭到了別人的暗算與誣陷（前面《囹圄生涯》一節已有敘述）。但管教科為什麼不找我核實一下呢？說白了，因為我犯的是反革命罪。一個政治犯，共產黨是永遠也不會相信的。還是放在監獄裡管著放心。

長久以來心中嚮往的自由生活就這樣被粗暴的踐踏和擊得粉碎。

這突如其來的打擊是太沉重了。五年前當我被宣判為六年徒刑時，那時，我剛剛十八歲。我拿著判決書，有點暈頭轉向，我原以為最多判個三兩年。我們僅僅是到了廣州市，廣州市又不是國境線。一個人想去某處偷東西，才剛剛走在路上，你總不能認定他已經犯了盜竊罪吧？六年，對於年僅十八歲的我，實在是太重了。然而，我咬著牙熬過來了，並依靠自己的努力，減去了一年刑期。如今，擺在我面前的又是一條漫長的而且是看不到盡頭的地獄之路。於今我已是二十三歲，哪年哪月，才是我苦難歲月的盡頭？

我無話可說，我只有苦苦的哀求希望能回家告訴一聲，然後馬上回來。我說：「我的母親正在家裡等著我，我不回去，她會非常著急的。」但管教幹部連聽都不想聽，就冷冰冰的拒絕了。這些幹部沒有幾個是有人性的。我心中不由對他們充滿了憤恨之情。我已經刑滿了，又沒有被剝奪政治權利，現在回家去告訴一聲為什麼都不行？我又說了：「我的行李棉被都放在家裡了，我現在回去拿了馬上就回來。」這位幹部幾乎是咬著牙的叫了起來：「我說了不行就是不行！棉被我幫你借一床。」

我感到一陣透骨的冰涼。這件事使我不能不對即將開始的就業人員的生活深感不安和悲哀。

那時，我沒有任何辦法通知家裡。儘管我是萬分的焦急，但喊天不應，叫地不靈。那時，我確實是太老實太規矩，而且還非常的膽小怕事。剛剛坐滿了五年牢，我實在是不想再惹出什麼事來。其實，就業人員的住處是沒有崗哨的，這是和勞改隊唯一的不同。我完全可以在晚飯後學習前這段時間或者晚上熄燈睡覺後，偷偷地溜回家。小跑加快步，來回一個半小時足夠了。退一步講，就是發現了又能怎樣？總不至於判刑吧。反正已經這樣了，要批鬥要處分由你吧。這說明，那時我還不夠「老油條」。待到就業七年後，我已經完全成了一個老油子，老奸巨猾，不僅穩沉，膽子也特大了。

第二天一早，文鑫哥陪著母親來監獄通過管教科找到了我。文鑫哥告訴我，母親昨晚在窗口坐著，等了我一夜。可以想像，母親是怎樣的焦急與憂傷，她心裡一定是在反復的叨念著：「是不是又出了什麼事？」

這是何等漫長和折磨人的一個晚上！

啊啊，我的母親，我剛出獄，本想帶給你些許的安慰，想不到卻又一次的傷害了你。我的心中在暗暗地悔恨：昨晚我為什麼這樣膽小怕事？我應該跑回去告訴一聲的，這不，把母親害苦了。

母親名叫羅佩群。一九〇五年生於桂林市。家中排行老大。下有一個妹妹和一個弟弟。母親不識字，最大的愛好是喜歡看桂戲。熟悉許多戲中的古代人物，能隨口說出好些戲文中的文縐縐的詩詞曲賦。也許是受了「萬般皆下品，唯有讀書高」的影響，母親非常重視對子女的教育。父親去世後，家境日益清貧，但母親總是想盡辦法讓我們讀書。從來沒有叫我們中斷學業到社會上掙錢的打算。母親把她全部的愛傾注在了我們兄弟幾個的身上。我的二哥和四哥在極困難的情況下讀了大學。我在小學的時候，每到放假，母親都要我每天寫一篇毛筆字，寫了才能去玩。那時，我的二哥、三哥都在解放軍部隊裡，他們經常會寫信回家，向我們宣講國家的大好形勢，勉勵我和四哥好好學習，將來好報效祖國。這時母親總要我和四哥文健各寫一封回信並讀給她聽。儘管母親不識字，但她也能聽出我們回信的質量。有時，我的信敷衍了事，母親聽了會說：「這信寫得太馬虎，都不知道你寫了些什麼？」有時，我認真地寫得像我的作文一樣，文筆優美流暢，描述生動，母親聽了會誇獎說：「唔，寫得真不錯。」這時，我心裡可是高興極了。

關於學習上母親最愛講兩句話：「熟讀唐詩三百首，不會寫詩也會吟。」「字無百日之功。」母親常用這些話來勉勵我們學習。今天我對古典詩詞有些興趣，對書法也能略知一二，都與我童年時由於母親的教誨而打下了一定的基礎有著密不可分的關係。

一九五一年，三哥文森所在的部隊開赴朝鮮，抗美援朝。母親每日提心吊膽，經常向我打聽朝鮮的戰況。有一段時間，大約有七八個月，家裡沒收到三哥的信，母親更是吃睡不安，她又像八九年前般的問我：「老萬，（她總是叫我的小名）你看三三為什麼這麼久沒有信呢？」這時，我已是十一二歲了，不會再如幼兒時的信口開河說過兩天他就會回來。我只有盡力安慰母親。

後來，三哥終於來信了。全家高興得跳起來。原來，他在朝鮮得了嚴重的傷寒病，幾乎喪命，半昏迷了好幾個月，已被轉送回祖國治療。現病已痊癒，馬上又要奔赴前線。隨信還寄回了一個包裹，裡面有一些他的照片，還有一個筆記本和一些零星物品，筆記本裡有他的一些戰友的臨別贈言，每個人都留下了自己在家鄉的永久的通訊地址，筆記本裡還抄有一些三哥喜愛的歌曲。當時，我太幼小了，體會不到這包裹深切的含義。這時的三哥應該是抱著「壯士一去不復返」的悲壯心情的。——戰鬥是如此的慘烈，後來三哥曾向我說過一件事：一陣炮彈過後，他從戰壕裡抬起頭來，抖掉身上泥土，卻發現趴在他身旁一分鐘前還和他說著話的一個機槍手的半個腦袋已經被炸飛了。

歷史有時真會開點玩笑。三十多年後，三哥毅然拋棄了待遇優厚的工作，（時任縣商業局副局長）憑藉著妻子的海外關係，移民到了美國。當年英勇的抗美戰士，最後成了美國的公民。那些年代，中國的政治氣候是那樣的變幻莫測，由於文化大革命中他飽受折磨，他再也經受不起下一次了。

母親共生育了八個子女，養大成人的只我們兄弟五人。我最小，母親最為疼愛。在午夜朦朧的睡夢中，我常常能感到母親手拿一盞煤油燈到我睡的蚊帳裡為我驅趕蚊蟲的情景，母親那慈祥的面容深深地定格在了我的腦海裡。

母親有一顆非常善良的心。父親去世後，儘管家境已是清貧，有時有湖南農村老家的遠房的親友來到桂林求助，母親仍總會儘量予以一些資助。

母親有頭疼的毛病，發作時，睡在床上，每每叫我用小拳頭捶擊她的頭部。有一天，我在幫母親捶頭時，她突然說：「我能再活一年就好了，那時，你讀中學了，我比較放心了。」

一晃好幾年，眼看我將中學畢業。早在一年前母親就為我準備好了我離家上大學的床單被褥之類的行李。她從來沒有懷疑過我將考上大學。她常常在人前誇我的學習成績是如何的好。一九五八年夏天的厄運給我的打擊是巨大的，但可以想像，給我母親的打擊更是巨大。我現在早已身為人父，更是深切的體會到這一點。

我出獄後僅四十天，母親就因腦溢血突然去世。我的一生多災多難，母親為我牽腸掛肚，夜不能寐，操碎了心。母親你就這樣匆匆的走了，以致我永遠無法報答你的海一樣的深恩。

一九八九年清明我曾作《堯山祭母文》，下面是其中之最後一段：

……囹圄歲月，先母每月探監，為予送食。嘗記一探監之日，大雨覆盆，凄風怒號。予隨隊勞畢而歸，見監門口探監者無幾，心曰：吾母今不來矣！行至監門，見先母撐一雨傘，背負明侄，手提籃食，立於滂沱大雨之中抖瑟。額前華髮飄零，皺紋彌深。嗟呼！蒼天！予何罪？縱刀山火海，猶可過也。母何罪？當受此煎熬！三十載矣，每思及此，皆淚湧奪眶不能自持。

又五載，予出，二十有三矣。首得薪，遂購雞蛋數十獻於母前，先母喜形於色。豈料僅數日，先母竟驟然長逝。去時匆匆，未留片言隻語，廚間雞蛋尚未動一顆。

古云：「祭之厚不如養之薄也。」嗚呼！養育之恩，生既未報，亡何能報！生死之別，寂然茫茫。他日予亡，匆赴黃泉，始能盡孝於母矣！

我親愛的母親過早的離開了我，她是因為了我，才這樣匆匆的離去；她是因為了我，晚年才過得如此的充滿了悲傷。

有時，我又會這樣的想：母親在一九六四年的去世，也許還是她的福份。因為兩年後爆發的文化大革命，其猛烈與殘酷，她當時肯定要被罩上「地主婆」的帽子，以母親的性格與為人的自尊，她也將無論如何熬不過這場劫難。我的一個至親的嬸娘就被剃了一個「陰陽頭」，風裡雨裡，每天掃街，受盡凌辱。

現在我的案頭一個小小的鏡框裡，有一幀五寸大的母親的頭像。她那充滿慈愛的目光安詳的注視著我，鼓勵著我，對我充滿了期待，使我不敢有任何的怠倦。我將直面人生的艱難，勇往直前，才能告慰母親的魂靈。

不是犯人的犯人——監獄的就業人員

雖然刑期已經服滿，但我們這些就業人員每天出入廠門，依舊是要列隊向警衛立正報告。有天晚上十點鐘，我加班完畢，一個人走出廠門，整整的勞累了一天，我已經是很疲乏了。也許是我立正的姿勢不夠規範，也許是這位警衛晚上一人值班太孤寂無聊，他莫名其妙的把我大罵了一頓。見我始終沉默，於是他又嘗試著和我對話了。厲聲問我：「你知道你是什麼人嗎？」我回答：「我是就業人員。」他幾乎是聲嘶力竭的叫了起來：「你是犯人，你是就業犯！你給我跪下！」見我不理睬，他更加暴跳如雷，但又無計可施。五年的煉獄生活，沒能完全磨滅我深藏在心底的血氣，我是不會這樣無端的受辱的。我的語氣是理智和平靜，目光卻是冰冷和凜然。他站在一個兩米高的臺階上，雙手緊握著一支自動步槍。他沒有勇氣跳下臺階和我近距離的面對——他比我更害怕死亡。於是他打電話叫來了管教科一個姓申的幹部。我對申幹部說：「他說我是犯人，我說我不是，他就要我跪下。請問，我早已服刑期滿，今天到底還是不是犯人？」申幹部沒有直接回答我的問題，只板著臉說：「你這樣子還挺囂張的。還囉嗦什麼？回去！」

後來，我細細思索了這件事。這位警衛不可能憑空如此說。在他們平日的交談中，在他們的思維裡，這些刑滿就業人員從來就是犯人。——以後無數的事例都證實了這一點。

對刑滿人員的留廠（留場）政策實在是一個偉大的發明。是否需要「繼續改造」，是否是「工作需要」，完全由監獄說了算。只發給這些所謂的「就業人員」極少的工資，卻要你像犯人一樣絕對服從的幹活。和許多人一樣，我的判決書上並沒有寫明滿刑後剝奪政治權利，但就業人員哪裡有一丁點兒的政治權利？——你只是一個不是犯人的犯人。作為一個就業人員你沒有上街的自由，你只能在監獄的範圍裡活動；你也沒有通信的自由，你的信件必須在管教幹部的檢查後才能得到；你也沒有絲毫的人格的尊嚴，幹部們隨時都可以不需要任何理由臭罵和羞辱甚至體罰你；你的生活軌跡完全等同於犯人，只有在星期六的晚上和星期日的白天，在你的請假條得到管教幹部的批准後，你才能有短暫的上街的時間。

我被留廠就業分配到車間以後，機加工車間的何主任考慮到我文化較高（那時的高中畢業生可是文化程度很高的人了），想叫我到他那個車間學開滾齒機、磨齒機之類機床，但我堅決的拒絕了，我要求做鉗工，想不到這次管教科的幹部居然同意了，於是我被分到了有一百多個犯人和就業人員的裝配車間。何主任對我說：「開這樣的精密機床技術性很高，工作又輕鬆又乾淨，別人想去還去不了。你怎麼還不想去？」他哪裡知道我的所想：五年的勞改生活，我幹什麼都是兢兢業業，沒犯過什麼錯，還得了一年減刑，但像我這樣的政治犯，共產黨依然是不相信。到頭來，還得受到監管繼續改造。我不知道我的未來將會怎樣，但有一點我卻是堅信不疑的：總有一天，我要回到社會，我不可能在這兒生活一輩子。那時，我唯有完全靠自己的技術能力來謀生。搞機床操作，還得依賴機床。作為一名優秀的鉗工，憑著一雙靈巧的手和智慧的腦袋就足以謀生，哪怕是浪跡天涯。我已經為我日後的生活作了長遠而充分的考慮，以後的事實證明，我的考慮是對的。

被留在監獄裡就業的絕大多數都是政治犯，其中又以歷史反革命居多。（也有極少數由於各種原因沒有遣送回家而暫時留在就業隊的刑事犯和女犯。）所謂歷史反革命就是解放前曾經與共產黨為敵過的人，而現行反革命則是自反右以來的政治犯，這些人共產黨是永遠也不會相信的。但據我的觀察，這些人不管是知識水平還是道德情操，都遠比那些流氓、慣盜、騙子之類的刑事犯要好得多。但事實卻是這些刑事犯們在管教幹部心目中的地位比起政治犯來卻又似乎是高出一等，不管怎樣的偷摸拐騙，起碼不會危及政權的統治。所以同一個車間裡一些甚至還在服刑的刑事犯的犯人都打算在我們頭上耀武揚威。

為了便於車間的就業人員和犯人在裝配中對個別零件的小修改和製作工夾具的需要，作為一個鉗工裝配車間，還配備了一些車、銑、刨和磨之類的金屬切削機床，由幾個犯人兼管著。大多數的情況都是需要者如果認為自己有能力就自己去操作，管機床的犯人樂得清閒，一般都不會干預。一次，我正在車床上車削一個零件，突然，「砰」的一聲巨響，使我大吃了一驚，原來那個管車床的傢伙那天不知道遇上了什麼煩心的事，見我在開車床，對著車床的配電箱就是狠狠的一腳，車床停了下來。這個姓易的大字認不了幾個的不學無術的傢伙雙手交叉在胸前，一副傲慢的挑戰者的姿態氣勢洶洶地望著我，並說：「你再雄也是一個政治犯，有什麼了不起！」

這對我是公開的侮辱，很多就業人員和犯人停下了手中的事，在靜觀著：我是準備和他大吵一場呢，還是幹上一架？但我一聲未出，儘管我的牙已經咬得發響。因為我從心底裡太瞧不起這個人了，我完全犯不著跟這樣一個傢伙計較，更犯不著為此而惹出什麼麻煩事。在這方面，我是很理性的。

我能雄到哪裡？一個政治犯。而你，一個街頭的無賴、流氓。我不會跟這樣的流氓爛仔爭強好勝。我保持沉默，離開了。

二十年後的一天，我在街上遇見了他。我已經把他完全忘了，認不出他了。他卻是清清楚楚的叫出了我的名字。等他自報家門說出他的名字時，二十年前那一幕浮現在我的眼前，我很想嘲諷他幾句。但看他蓬頭垢面那副落魄的樣子，我卻實在是不忍心了。他接著告訴我，他又進去了十年，剛放出來不久。現在想向我借幾塊錢吃碗米粉，我給了他十元錢趕緊走了。我擔心他會纏著我，我更懷疑他是否會「三進宮」。

記得，我進車間的第一天，跟著一個姓熊的師傅——他也是就業人員——大修一台西德車床。熊師傅對我說，你到工具室借一個12的板牙來。我聽得糊塗了，什麼？板鴨？我琢磨，這修機床要板鴨？工具室又怎麼會有板鴨？當我從工具室出來，我終於知道了這扁圓的閃發著熱處理的金黃色光澤的東西叫板牙，而此板牙非彼板鴨，原來是套絲（螺紋）的工具。

熊師傅給我的任務是清洗這台車床的已經拆空了的床頭箱。床頭箱約有一米見方，高度有七、八十釐米。我幾乎是整個人趴在了床頭箱裡，把裡面沉積了十幾年的油垢很費勁的一點一點的刮出來，然後倒進去煤油進行清洗，最後再用棉布擦乾淨。我確信在我第一天的工作結束，已沒有人能認出我——因為我已經是一團黑色的油污了。

在桂林監獄的就業人員大約有一百多人，居住在緊鄰監獄的山邊一棟二層的樓房裡。房間裡是清一色兩層的架子木床，每個房間住八到十個人。

每天的宿舍——車間——食堂三點一線，不能外出。晚上開會政治學習，生活極其單調。只有星期六晚上和星期天的白天可以請假外出。這些我倒是不在乎，我對上街沒有興趣，也沒有什麼地方可去。我幾乎把一切空餘的時間都用在了技術學習上。我如飢似渴的閱讀了從最基礎的「鉗工工藝學」到大學機械系的專業書籍，如《機械原理與理論力學》、《機械製造工藝學》、《機械製圖》等，並認真做了筆記。學生時代我的扎實的數理知識這時發揮了很大的作用。尤其是數學中的三角和立體幾何知識，一些別人感到很難理解和掌握的技術測量問題，對我來說根本就不是問題。

為了學習的需要，我到桂林市圖書館辦理了一個借書證。當我走進闊別了多年的圖書館，看著那一排排整齊而熟悉的書架，心中感慨萬千。從讀小學開始，直到高中，我都是圖書館的忠實讀者。那時的我，懷揣著人生的夢想，經常在這裡閱讀和借閱各種書籍。就是在這裡，我接觸了許多古今中外的名著，極大地開拓了我的視野，啟迪了我的思想。我開始用一種科學的眼光來思考世界。我的思想已遠遠超出了一個普通中學生的思維，在那樣的年代，是絕對不允許的，就是因為這樣，毀掉了我的一生。有時我想，要是我晚生三十年，那該有多好。我一定是老師和同學都喜愛的一個好學生。

一些當年的圖書管理員還在，我還能清晰地記得他們的姓名，但他們似乎已經認不出我了。人世滄桑，我早已告別了我的天真無邪充滿理想的學生時代。五年嚴酷的牢獄生活並沒能摧垮我的意志，我將又一次在這裡遨遊知識的海洋，開始我新的人生征程。

我心中暗下了決心：我要很快的成為一名優秀的鉗工，而且，在七、八年的時間裡，我一定要達到機械工程師的水平。

由於我的刻苦用功，僅僅一年後我就從原來的一無所知成為了銑床總裝工段的一個作業組的組長，手下帶著三個人，每月要完成七到十台0#銑床的總裝任務，非常繁忙和緊張。而我帶領的作業組往往每個月都能率先通過嚴格的檢驗，完成任務。

和我同在一個車間的就業人員熊體貴，也是總裝一個作業組的組長。老實說，這人技術是不錯的，還頗有點小聰明，一手鉗工的銼刀功夫很是了得。只是文化稍低點，平日裡幹活很有點滿不在乎。一次吊裝銑頭時，接觸面沒有認真擦拭乾淨，造成接觸面拉傷。這本不是一個太大的問題，只要卸下來把拉傷的面重新鏟刮一下（返工工時約兩三小時）就行了的。但他馬虎無所謂的毛病又犯了：他只是隨便刮了一下，沒有把傷痕徹底清除，就又裝了上去，結果被檢驗員發現了。這下可不得了，大會小會鬥爭後，熊體貴被以破壞生產罪，判刑三年。

我們總裝的這位姓郭的工段長（幹部），特別凶，平時總是鐵青著臉，背著雙手，在車間裡走來走去的巡視，誰都怕他。有一次，他對全車間的就業人員和犯人訓話，在說到有些人調皮搗蛋時，他說：「你調皮？我把你綁起來倒吊在行車上，來回開個三轉，看你還調皮不？」在郭的想像中，在車間那高高的行車上，倒吊著一個人來回地從一端開到另一端，那一定是一個很轟動、很有威懾力和很有趣的場面。

熊體貴的事件，要是碰上別的幹部，我估計不大可能判刑。畢竟沒有造成什麼損失，那點拉傷，其實是很輕微的，即使傷痕沒刮乾淨，對使用也毫無影響，也不影響外觀。熊體貴有點倒楣。

我們平時做事都是處處小心，稍有不慎，就有得你看的。

王永政，是還有兩個月就要刑滿的犯人。一次吊裝銑床的升降臺，夾具沒裝好，升降臺從六、七十釐米的高度掉到地上。這次是輪到王永政倒楣了，恰恰被郭工段長看見。此時我就在旁邊，郭叫我去找來一根繩子，並厲聲命令我：「你把他綁起來！」我馬上回答：「報告工段長，我不會綁人。」這時，郭是氣壞了，雙手叉腰，惡狠狠地盯著我，說：「你他媽的，你敢同情他，老子連你一起綁！」他不相信，這世界上還有不會綁人的人。幸好，另一個犯人出來解了圍，拿起繩子三下兩下的把王永政綁了。

郭立即對掉在地上的升降臺作了檢查，沒有發現任何問題。升降臺這樣結實的一個箱體，下面又有一個很結實的絲杠座先落地保護著，肯定不可能跌得壞。郭的目的無非是要殺雞給猴看。差點連我都跟著倒楣。一個小時後，王永政得到鬆綁。

我在監獄裡勞改就業了一共整整十二年。儘管我還做了多年的犯人組長，甚至權力很大的大組長，在那盛行暴力的環境裡，我從沒有打過人，更沒有綁過人，可以無愧的說：我這雙手是乾淨的。

相對平靜的日子過了兩年，隨著文化大革命腳步聲的臨近，政治氣氛變得緊張起來。先是「二五」運動，接著是清理階級隊伍。在就業人員的歷史反革命中不斷有人被揪出批鬥。我所在的車間就業人員的組長名叫羅桂福，大約四十歲左右，我印象中是一個很和藹長得很英俊的人。要到達就業人員的宿舍，有一個高約三米，兩邊斜角約三十度的V形路段，別人都是推著自行車過去，羅桂福的技術卻是相當的了得，他經常是騎著車先是往下再往上一衝就過去了，像一個雜技演員，人們都驚奇不已。有一天晚飯後，不知道他聽到了什麼可怕的消息，趁人不注意，悄悄的溜回了家。晚上學習時也沒有見他回來，後傳來消息，他已在家裡服毒自殺。聽說，他服的是氰化鉀，他應該是早就準備好了的。這種化學品在熱處理車間有，不知道他怎麼搞到的。旁人告訴我，他是國民黨的青年軍，到過緬甸的。解放後他被勞教，之後就留廠就業。他和國民黨留在大陸的數以百萬計的官兵一樣，這些人或是被俘的，或是早已解甲歸田，已從商、從醫成為一介布衣平民百姓，甚至是投誠的，無一能逃過一次又一次的殘酷的政治清洗。這些人，在監獄裡我見得太多了。

我自幼所受的教育告訴我，國民黨蔣介石是不抗日的，是「消極抗日，積極反共」，日本人來時，就躲到峨嵋山去了。是共產黨領導的八路軍打敗了日本人。等到日本人一投降，他們「就從山上下來摘桃子了」。對這一說法，當年我是絕對的相信的。然而，毛澤東下面的這段話卻是徹底地暴露了這個彌天大謊：

「要冷靜，不要到前線去充當抗日英雄，要避開與日本的正面衝突，繞到日軍後方去打游擊，要想辦法擴充八路軍、建立抗日游擊根據地，要千方百計地積蓄和壯大我黨的武裝力量。對政府方面催開赴前線的命令，要以各種藉口予以推拖，只有在日軍大大殺傷國軍之後，我們才能坐收抗日成果，去奪取國民黨的政權。我們中國共產黨人一定要趁著國民黨與日本人拼命廝殺的天賜良機，一定要趁著日本佔領中國的大好時機全力壯大，發展自己，一定要抗日勝利後，打敗精疲力盡的國民黨，拿下整個中國。」

「任何組織都不得違背這個總體方針。為了發展壯大我黨的武裝力量，在戰後奪取全國政權。我們黨必須嚴格遵循的方針是『一分抗日，二分敷衍，七分發展，十分宣傳』」（一九三七年八月在陝北洛川會議上的講話摘要）

現在我知道了，很多的國人知道了，在抗日的正面戰場上，是國民黨的軍隊在進行著殊死的戰鬥，僅大型的動輒十幾萬、數十萬人的會戰就達二十餘次。軍隊裡將軍級以上的將領，在烽火的戰場上陣亡的達二百二十多位，其戰鬥慘烈的程度，可見一斑。居然能如此毫無羞恥的顛倒黑白的說謊，還真是要有點膽量——說謊者真是一點也不顧忌真相終有大白於世的一天。

林肯說過：你可以在所有的時間欺騙一些人，你也可以在一些時間欺騙所有的人，但你不能在所有的時間欺騙所有的人。

隨著社會的進步，歷史在慢慢地揭開它神秘的面紗，歷史的真面目逐漸浮出水面。二〇〇五年，共產黨的總書記胡錦濤在人民大會堂作紀念抗戰勝利六十周年的報告中說：「在抗戰八年中，中國國民黨和中國共產黨領導的抗日部隊，分別承擔了正面戰場和敵後戰場的作戰任務，共同構成了對敵鬥爭的態勢。」在共產黨的歷史上，說到八年抗戰時，第一次把國民黨的正面戰場放在了共產黨的敵後戰場的前面。

為了打通滇緬公路——中國當時最後僅存的一條對外通道，國民黨政府號召青年學生積極參軍，正所謂「十萬青年十萬軍，一寸山河一寸血」。到緬甸的中國遠征軍，這些愛國的熱血青年，與日本人浴血奮戰，戰鬥異常艱苦激烈，重創了日本人，自己也蒙受了極大的傷亡。我推算了一下，羅先生參軍時應該還是一個稚氣未盡的十七八歲的中學生。這些年輕勇敢的戰士，懷著滿腔的愛國熱情，為了民族的自由和尊嚴，告別了家鄉，告別了親人，在異國的原始叢林和窮山惡水中，在強大的敵人面前，拋頭顱，灑熱血，前赴後繼，沒有絲毫的怯懦。他們為的是什麼？是我們這個國家，這個民族，不是為了哪一個政黨。他們是民族的英雄，然而，在政權易手後，卻受到這樣極不公正的待遇。這位羅先生沒有死於兇殘的侵略者的槍彈，卻在共產黨不斷的政治運動的威懾和摧殘下，嚇破了膽，失去了繼續生活的勇氣，走上了人生的不歸路，成了政治鬥爭的犧牲品。我真替他惋惜，他膝下尚無子女。

我這人喜歡擺弄筆桿子的壞習氣總是改不了。就業後不久我又開始寫日記了，當然是偷偷的寫，當然是絕對不涉及政治問題。寫的多是一些生活的瑣事。我心想，日子就這樣一天天的過去，我總得留下點什麼，將來回首往事也有點依據和線索。然而，隨著政治氣氛的日益緊張，報紙一會是批判《海瑞罷官》，一會是批判《早春二月》。我開始感到文字上的東西要挑出點問題來總是辦得到的。當年在學校的教訓也使我不得不又一次警惕起來。我再也不能重蹈覆轍了。讓所有的一切記憶都留在腦海裡吧，還記什麼鬼日記？於是我準備把那已經寫了大半本的日記本銷毀。怎麼銷毀？卻又成了問題。於今一個月只能外出上一兩次街。絕不能亂扔，這是肯定的。大哥那兒事實證明絕對靠不住，我學生時代的日記和習作早就不知被他弄到什麼地方去了。那幾天，我真為這事犯愁。心中頗有些懊悔，真是沒事找事。

然而，事情的變化比我的預想要快。一天下午，在就業人員住的宿舍樓前，突然來了二三十個沒有帶槍的「政府」，管教幹部在宿舍樓前高喊：「所有就業人員出來集合！」「政府」們也在高喊：「快！快點！」

我馬上敏感到情況不對，也許要搞大搜查。

情況緊急，那本該死的日記怎麼辦呢？我一眼看到我床邊的提桶裡正用水泡著滿滿一桶衣服，於是趁大家往外跑的忙亂，把那本日記塞到桶裡，用衣服包裹了起來。

總算是有驚無險，日記本在水裡安然地躺著。整個大搜查，也沒見查出什麼引起注意和轟動的東西。有一個就業人員的衣兜裡被搜出兩個金戒指，被厲聲責問是哪裡來的？為什麼收藏這東西？他回答是一個月前回家奔喪，母親臨死前留下的。但戒指還是被拿走了，也不知被拿走的理由——那時也不需要什麼理由。以後是否退了回來我就不得而知了。

後來，我發現在緊靠宿舍的石山的山腰，有一個約十幾平米的小小的山洞，我便經常到洞口拉二胡。待人們都習慣了我愛到那兒拉琴，我便把日記本拿到洞的深處埋了起來。過了幾天，還是感到不安全，就幾頁幾頁的撕下，分五六次燒了，把紙灰也處理完畢，心裡才算是踏實了。

在寫這本回憶錄的時候，我心中又有些後悔。心想，要是日記還在，對我寫一九六四年到六六年這段時間的回憶，無疑是會有很大的幫助的。

然而，到底該如何保存？直到今天，我還是沒有想出一個萬全之策。那樣的一個年代，真是太可怕了。應該說，沒有一個地方是絕對安全的。

刑滿就業人員由於處於被管制的處境，沒有人正眼瞧你，有的只是冰冷的面孔和呵斥的叫聲。大家的心情都是極為苦悶。偶爾的獲准外出上街，就成了唯一的發洩途徑。

陳聖忠，四十多歲，湖北人，個子還挺高大的。原是華中工學院（現在的華中理工大學）機械系副教授，右派。解除勞動教養後在湖北沙洋農場就業。一九六三年桂林監獄因銑床上馬，把他調了來，和我在一個車間，他有時搞些工模具的設計之類。人生地不熟，他比別人更感孤獨和苦悶。也不知為什麼他竟然和我成了忘年之交。有段時間，逢到星期六的晚上，他總會約了我一同上街。他穿著一身筆挺的極為考究的深藍色的毛嗶嘰的中山裝制服，皮鞋擦得賊亮，戴著一副深度的近視眼鏡。此時的他，一定是在尋求著某種心靈的安慰，自我感覺又回到了當年在大學教書的風光日子。我二十出頭，衣著又不講究，和他走在一起，十足一個小跟班的模樣。每次我們上街唯一的去處就是市中心的一家小餐館。要上一個火鍋，每人二三兩白酒。待兩杯酒下肚，兩人就海闊天空的聊了起來。今天，我再也回憶不起我們談話的具體內容。我能夠肯定的只有一點：我們從不涉及任何政治話題。

每次都是不容爭執的一定是他付帳。（他的工資比我高得多，是就業人員中最高的，拿六級工工資，每月六十九元。）那時，我也沒有去探究他為什麼老是喜歡約我呢？現在想來，大約是我的知識面還比較廣，什麼話題都能談一下，比起其他的人來也比較單純。人喝了點酒後，也確實需要一個傾訴的對象，不管是他還是我。言談中，他回憶起他的青年時代的一些瑣事，我也會常談到我的中學生活。我們一邊細細地呷著老酒，一邊沉浸在那遙遠往事的回憶中。頗有些「同是天涯淪落人，相逢何必曾相識」的感慨，傷感之餘，兩人都有些眼眶潮濕。就這樣的慢酌細飲，邊吃邊聊，往往會吃上兩三個鐘頭。然後兩人不急不忙的拖著疲倦的身軀，踩著昏暗的路燈下自己長長的身影，向著山腳那座兩層的監獄就業人員的宿舍走去。

他從未對我說過他的家庭，他的妻子和孩子。我感到，這個話題對他一定是敏感而沉重的。因為有一次我無意的提到這問題，他很快就把話題扯開了。我想，他的妻子和孩子大約是遠他而去了，這在當時是最正常不過的事。五十五萬個右派分子（官方宣佈數字），就是五十五萬家庭的噩夢，上演了多少生離死別的慘劇。

四十多年過去了，不知陳教授是否還健在？聽說，之後就業隊伍解散，他由於無家可歸，便調到廣西一家林場工作。在上世紀八十年代，他出差到桂林買林業機械，有人在街上還遇見過他。如果現在他尚在人世，應該是九十多歲的高齡了。我真想能再見到他一面，再一次的和他坐在一間小餐館裡，待兩杯酒下肚，共同回憶那些不堪的飽含苦澀淚水的往事。

在就業人員中我還有一位也是姓陳的朋友。他比我大十歲，家庭是地主。父親在解放前夕就已病故。解放初期的一九五一年，二十歲的他是上海同濟大學的一名學生。由於家裡是地主，在土改中，他的母親被鬥得死去活來，膝蓋跪在破碎的瓦片上，露出了白骨。由於不堪折磨，上吊自殺了。他這個地主仔也被家鄉的幹部從上海帶回審查，關了幾個月，雖然放了，但是被「掃地出門」。就是說，此處已沒有你的落腳之地，土地房屋所有的一切都沒收了，你滾吧。自此，他開始在鄉間流浪，到處幫人打短工為生。寒冬臘月，冰天雪地，還要上山去砍竹子，然後背下山來，為的就是換得一口飯吃。箇中的艱辛，一言難盡。在打工流浪的日子，他認識了一個也是被「掃地出門」的地主仔。一天，這個地主仔拿出一點夠做兩套衣服的布料，對陳說，這是他家裡的，叫陳幫忙賣一下，賣了後可以給點酬勞給他。後來，這位老兄為別的事被抓，在審訊時，交代出叫陳代賣的布料是他偷的。結果，陳被抓了。原本也沒有太大的事，後來一查也是地主仔，以前又被關過，就以銷贓罪被判刑八年。滿期後留廠就業。

陳是一個極優秀的全能的鉗工。不僅精通各種機床的修理，能設計，能繪圖，還能修理汽車和各種內燃機。

我和他的關係比我和陳教授的關係要深入得多。我們幾乎是無話不談，彼此沒有什麼戒心。有一次，我們到七星公園的一家餐館，要了些酒菜。酒至半酣，談到日後的生活，萬千思緒，湧上心頭。兩人都是年紀輕輕就遭牢獄之災，十幾個寒冬酷暑過去了，這樣的日子哪年哪月才是盡頭？勞改判刑還有個可以指盼的期限，就業的生活卻是「此恨綿綿無絕期」。這一輩子難道就將這樣的在監獄的陰影中度過？

那天，兩人都有些醉了。就倒在公園的石凳上睡了好久。

到上世紀七十年代末，就業人員的隊伍逐漸解散，廠裡的勞改犯人也全部被調往了別的勞改場所。陳先生由於在桂林沒有地方落戶，（聽說他的姐夫不同意把戶口落在他家。）加之這樣高技術水平的人也確實是很難找到，他就一直留在了機床廠，身份轉為了正式的工人。住的地方卻是當年監獄的牢房經胡亂搭建而成的一個地地道道的棚戶區，骯髒而雜亂。五十多年了，每當我到他家拜訪，那昔日監獄生活的情景仍會浮現在眼前，久久不會散去。

我和陳先生的友誼一直保持到現在。我們還經常來往著。於今陳先生已是八十高齡，惟病魔纏身，體質已經很差了。令我悲痛的是，就在本文的第五稿即將殺青之時，傳來了他遠去的消息。在他生命最後的日子裡，我曾長久地握著他已經乾枯如柴的手掌，與他談天，他的聲音微弱，但思維還是異樣的清晰。陳先生滿腹學問，機械知識造詣極高，他為自己一生的無所作為而歎息，更為一生受到的不公和悲慘的命運而憤然。

現在，在他墓前的一對約一・五米高的石柱上，刻著我撰寫的挽聯：

畢生坎坷，曾經大江東去；

終世辛勞，怎堪英才西歸。

在那縹緲無形的天國，我不知道他是否會平靜下來？我確信，他定然是像王必顯一樣，既不會平靜，也沒有瞑目。

文革歲月

一九六六年春夏，一場席捲全國的文化大革命迅猛展開。就業人員是不能參與的，但每天要讀報，然後談認識，還要挖思想深處的「四舊」。

當時的文藝界，幾乎所有過去的作品，不管是小說還是電影，都被扣上「封、資、修」的帽子。早些年熱映的《柳堡的故事》被批成「渙散鬥志，歌曲宣揚了人情味」。甚至《大鬧天宮》這樣的神話片，都被指責為「發洩對社會現實不滿，號召牛鬼蛇神大鬧社會主義江山」。而《天仙配》則是「醜化勞動人民（董永），宣揚封建階級的倫理觀念，鼓吹愛情至上」。現在看來，是不是有點搞笑？然而，當時誰又敢說半個「不」字？

在學習討論時，管教幹部反復動員我們要深挖自己頭腦中的反動思想，結合到這次偉大的無產階級文化大革命，尤其要檢查和批判思想中資產階級的反動的文藝思想。管教幹部特別強調，在學習討論中談自己過去的錯誤思想，是進步的表現，絕對不會追究。

對於當時壓倒一切的無處不是階級鬥爭的觀點，我是實在不敢苟同。在我們的小說裡，好人就是好人，一切都好，壞人就是壞人，一切都壞。甚至毫無社會經歷的小孩看電影時，一個人物一登場，就能準確地判斷出這是個好人還是壞人。我認為，人是一個具有極其複雜的感情的高等生物，人性裡應該是有超越階級的共性，比如對幸福的嚮往，對愛情的追求，對親情的眷戀等等。不能把人的一切思想和行為都簡單的打上一個對號入座的非此即彼的階級的印記。

但我的這些看法和思想能拿到學習會上講或是私下與人交談嗎？這是絕對不可能的了。我早已看透了這「引蛇出洞」的鬼把戲。

經歷了一九五八年在學校的洗禮，此時我已是二十六歲，早就是一個「老油條」了。自五八年之後，在任何場合，尤其是會上，我再也不會發表我獨自的見解。我說的都是報紙上說的。後來我發現幾乎所有的人都是如此，看來，人人都成了老油條，沒有人再會說心裡話了。再後來的後來，直到今天我還在懷疑在公眾場合有幾個人說的是真話。「說真話倒楣，講假話升官」，早已是這個社會普遍的信條。在那些陰森恐怖的年代，凡涉及到哪怕只有一點點政治的問題，我說的都是假話。當然我是無官可升，但是，卻帶給了我平安。

這個古老的民族早已被折騰得連最後的一點誠信都消失了。

就業人員的生活極其單調和枯燥。現在隨著文化大革命的開展，管制更加嚴厲，有時一兩個月都不能上一次街或回一次家。一些在本市有家眷的妻子來看望，由於只有集體宿舍，兩人也沒有單獨相處的機會。一天，車間裡有個姓馮的就業人員寫了一個請假報告給管教幹部，報告稱「因身體需要，需請假回家一夜。」不知道這位幹部看了是否有些哭笑不得，但任何一個還稍有人性的人，應該是感到心酸。

長期的性壓抑與性飢渴，有些人往往會鋌而走險。監獄裡也有極少的女性就業人員。我在的那個車間有個姓貝的就業人員，年紀三十多歲，不知用什麼辦法和一個體態胖胖的女就業人員好上了，有天晚上兩人正在苟合，也許是過於心急，地點的選擇太不講究，就選在離就業人員居住地點不遠的山邊的一條僻靜小路旁的草叢。一個路過想去那兒小便的人黑暗中開始還以為是一個什麼野狗之類的東西。事情作為人們飯後的笑料談開了，不久就傳到了管教幹部的耳中。那時，「亂搞男女關係」可是一個很嚴重的問題，弄得不好，甚至會被關押、判刑。於是幹部召集車間的就業人員（共十四、五個人）開了個小型的批鬥會。然而，會上卻沒有人發言。幹部再三動員後，一個就業人員一本正經地發言了：「貝＊＊，你這樣也太不像話了，影響極壞。以後你實在控制不住，自己手淫一下不就行了？」與會者都大笑起來。批鬥會也不了了之。就業人員中絕大部分都是「反革命分子」，文化層次較高，相互之間的關係也遠沒有勞改隊裡緊張。對一些問題的看法還比較理性，大家對這種沒有損害任何人利益的事，心裡是同情的，也不怎麼理會。

就在這一年的年初，文健哥向我介紹了一個姓張的女孩。這女孩也是桂林市人，在貴州省一家縣級醫院做護士。家裡還有一個母親和一個妹妹。文健哥出差到了她家裡，把我的情況作了簡單的介紹，給他們看了我的照片。我抱著試試看的態度寫了一封信去，結果很快回信就來了。信中說她很願意交我這個朋友，接到我的信，她們一家人圍坐一起，一遍又一遍地讀。往來的信大約有三四封，寫的大多是各自的工作和生活，目的是為了增進相互的瞭解。信是寄到大哥家裡，我有機會就去取。我們此時還停留在很普通的朋友關係。這時，文革的風聲一天天的緊張起來，我的處境越來越糟，連上街寄信都困難了。我想，這樣下去，能有什麼結果呢？這種友誼的發展，能駛向愛情的港灣嗎？我這樣的嚴酷的處境，有什麼資格去愛一個女孩？與其今後痛苦，不如早早了斷了吧。殘酷的現實使我不得不用冷靜的目光和清醒的頭腦來看待這一切。我不知道，人生的路上還有多少艱難險阻驚濤駭浪在等待著我，未來是一片迷茫。這時的我，不再是當年的年輕莽撞和感情用事。於是我寫信告訴了文健哥，叫他轉達。從此，我和她便中斷了聯繫。我立下了誓言：如果這種就業人員的處境不改變，就一輩子不結婚。

好幾年以後，一次文健哥又出差來到桂林。他帶我到了她的家，並告訴我，她已經結婚，丈夫也是他介紹的，中學時的同學。現在就住在桂林。我第一眼看到她時，我一定是有點發呆了。她是如此的美麗，美麗得超出我的想像。小巧的瓜子臉蛋，白淨得如同凝脂的肌膚，一雙黑亮而深沉的眸子，談吐得體而文靜。她正在給她未滿周歲的女兒洗澡。我感到一陣徹心的痛苦、酸楚與惋惜，美好而聖潔的使者又一次和我擦肩而過。我彷彿聽見一個粗重的聲音在耳邊響起：「命運之神早已為你鑄就了枷鎖。現在你仍將拖著血淋的軀體，在地獄幽暗陰森的長廊躑躅。一切的美好，現在只能是奢望，定然遠你而去！」但對於當初我的決定，我不後悔甚至是有幾分欣慰。在那樣的環境下，我不可能和這樣優秀的女孩有任何好的結果，這對她不公正。在她的面前，我唯有自卑。她的丈夫是一個很帥氣的技術人員，出身於書香門第。她應該有一個幸福的生活。現在過春節時我們常常會互相電話問候一下，也曾兩家人小聚過幾次。

一九六六年八月二十二日《人民日報》頭版報導了紅衛兵破「四舊」（舊思想、舊文化、舊風俗、舊習慣），特別介紹了北京第二中學紅衛兵小將破「四舊」的種種英雄業績。從此一場全國性的紅衛兵破「四舊」浪潮開始了。紅衛兵燒書、燒畫，破壞一切他們可以見得到的文物，最後是大規模的抄家。他們響應偉大領袖的號召，雄赳赳氣昂昂的砸爛一個舊世界。在抄砸時如發現有什麼涉及政治問題的物件，更往往是上綱上線，扣上不是「變天帳」，就是「特嫌」之類的可怕帽子。在抄家的過程中「義憤填膺」打死了許多「階級敵人」。中國幾千年遺留下來的無數珍貴的文物遭到毀滅性的破壞。我生活的這個山水甲天下城市的許多岩洞裡無數上千年的石雕被毀掉，幾乎所有雕像人物的腦袋都被砸去了。我們現在看到的雕像，如果仔細看，就能看出那以後精心補上的痕跡。

我的一位名叫蔣錚的朋友，向我敘述了當年他是如何痛苦而違心的讓他父輩留下的兩麻袋珍貴文物「付之東流」的，其情景甚至有些驚心動魄。為了敘述的清晰，有必要先對蔣錚的家庭作一個最簡單的描述。

蔣錚出身於名門望族。祖父是前清舉人，父親蔣培英早年畢業於北京大學，後到日本東京文理科大學攻讀研究生。回國後在國民政府任職，官至國民黨廣西黨部監事。後又歷任桂林中學校長、廣西大學教育長、《廣西日報》總編輯等職。與國民黨許多元老及政要交情甚篤。臨近解放，當時桂系的頭頭為其送來了兩張桂林飛香港的機票。蔣培英本可偕妻並攜兩幼子登機，但蔣卻不忍捨棄眾多的親友及故鄉的親情，他如同我前面章節敘述的李步仁一樣，由於輕信而犯了一個致命的錯誤：選擇了留下。他自認自己沒有與共產黨為敵過，也沒有做過其它的壞事，從共產黨的宣傳來看，自己去登記一下，應該沒什麼事。

開始確是沒有什麼事，相對平靜的日子過了三年多。到了一九五三年，蔣培英終於是難逃厄運被羈押了——這與我前面所述的李步仁的事情是幾乎完全相同的版本。羈押幾年後，蔣培英患上了尿毒症，後來病情越來越嚴重。彌留之際，竟沒有一個親人在身旁。昔日高大俊武、身世顯赫的一代英傑，就這樣無聲無息地走了，沒有留下片言隻語。待家屬得到通知趕到，蔣的遺體已停放在醫院的太平間。一盞半明不滅的昏暗的燈，在空蕩而死寂的停屍房裡，一閃一閃地眨著鬼一般的眼。而長期病魔的折磨，致使他的容貌幾乎不復能認。此情此景是何等的悲慘和淒涼。這時正值一九五八年春節的除夕之夜。那樣一個淒冷而撕心裂肺的夜晚，給少年的蔣錚留下了永久的痛苦的記憶。當蔣錚向我說到這兒，我注意到他是非常的傷感動容。

到了上世紀六十年代中期，文化大革命席捲全國。抄家之風日甚。像蔣錚這樣的名門之家，先輩們留下了許多珍貴的文物。除了一些前清的字畫，甚至更久遠年代的字畫，還有許多國民黨的政要及元老的墨蹟。如蔣介石、李宗仁親筆題字的照片，于右任的書法作品等等。這些東西一共裝了整整兩麻袋。開始兄弟兩人想拿到一個很親近的親戚處收藏起來，但被一口拒絕了。這位親戚說：「你們知道怕，我就不知道怕？」

怎麼辦呢？這些該死的東西！想燒了去，家裡連廚房都沒有。煮飯就是在屋簷下，整個大院的人，互相之間看得清清楚楚。蔣錚兄弟倆這可急壞了。冥思苦想了好些天，終於想出了一個法子。

先把那些裝裱了的字畫的畫軸取出，把畫軸劈爛作為煮飯的燒柴，燒了去。再把那些字畫又折又壓放在提桶裡，上面蓋一兩件衣服。每天晚飯後，兄弟倆各手挽一提桶的衣服，做出下河洗澡洗衣的樣子，抄著僻靜的小路走到離家約一里遠的河邊。兄弟倆像做賊一樣找到一個淺水的地方，把提桶連同裡面的東西一併浸沒到河水裡，然後坐到上面。兩人在水裡一邊擦身，做出洗澡的模樣，一邊留心著周圍是否有人在注意著他們。待到天色完全的黑了下來，河裡已經沒有什麼人了，泡在水裡的字畫也已經發漲，兄弟倆就開始了他們的作業：小心翼翼的把發漲了的字畫一點一點的在水裡撕扯成極小的碎片，這些珍貴的於今動輒幾十萬上百萬的文物就這樣悄無聲息的「付之東流」了。

這樣緊張的提心吊膽的作業足足持續了一個星期，才終於完結。這些父輩留下的文物，雖然那時的蔣錚未必能預見到它今日的價值，但要親手毀了它，蔣錚內心的痛苦還是可以想像的。那畢竟是自己的祖父、父親曾經欣賞、把玩過的物品，那上面留有他們生活的痕跡與影子。

蔣錚舉了一個例子向我敘說那些文物的珍貴：一九五六年時，蔣的父親已被羈押三年，家裡生活極為困難。蔣的母親萬不得已，拿出兩件文物，委託當時的文物商店「八桂齋」寄賣。蔣錚此時已經十四、五歲，對此事記得極為清楚。一件是蘇東坡手書的對聯，上書：「酒到醉時書帶草，詩逢妙處筆生花。」另一件是宋徽宗的御筆：大約是一幅六尺宣，畫有蒼勁的一株松樹，一隻老鷹停在上面。畫上書有「大英雄」三個大字。由此，我們可以對那些餘下的而後又不得不「付之東流」的文物的價值略知大概了。

那是怎樣的陰森而恐怖的年代！製造了多少罄竹難書慘絕人寰的罪惡！——這中國當代史上空前絕後的浩劫。

外面是一片喊打喊殺的聲音，作為就業人員龜縮在監獄裡，此時此刻，卻有點身在福中了，大家都是彼此彼此。而在社會上，像我們這樣的人可沒有這樣的「福」了。我認識一個姓屈的刑事犯，刑滿後放回家，他什麼派也沒參加，還是被遊鬥了。一次後腦被木棍重重的一擊，人暈死過去，險些喪命。現在腦袋還是暈暈乎乎的，記憶力幾乎喪失殆盡。專政的對象從原來的地，富，反，壞，右，又增添了什麼軍，警，憲，特……有二十一種人之多，統統是被專政的對象。

好長時間沒上街了，一天，我很不容易的得到一個上街的機會。街上到處是鋪天蓋地的五顏六色的大字報，還有巨幅的「打倒劉少奇」的標語。這些離我的生活太遙遠了。對政治運動我早就厭倦了，政治就是陰謀，就是玩弄權術的把戲。我早已遠避了政治，儘管我清楚政治並沒有遠避我，但我再也不會掉入政治的漩渦與陷阱。至多是冷眼觀看著這「你方唱罷我登場」的鬧劇。

有次在街上我遇到我的一個至親的親戚，他興高采烈對我說，他剛從南寧回來，他到南寧是去鬥韋國清。韋國清，文革前是廣西的第一把手，現在造反派正在揪鬥他。正巧，就在我和他談話的旁邊，在柏油馬路的中心用白色的油漆寫著「打倒韋國清！」的巨幅標語。我當即給了我這位親戚一瓢冷水，我說：「你以為憑你們這些人就能把韋國清打倒？做夢去吧！標語寫得再大也沒有用。誰倒誰不倒，只有北京才能決定。」

我這話說得是多麼的正確啊。以後的一切事件的發生都完全地證實了這一點。那些揪鬥韋國清的人，倒楣的日子正在等著你。十年前，在我的中學時代，我要是有這樣的十分之一的清醒就好了。那時，真是傻乎乎的。

在街上，我遇到了一件我倍感心寒的事。人行道上，一個熟悉的面孔和我迎面相遇。這是我的一個同父異母的妹妹，她在看了我一眼後，就若無其事的把臉轉開了，彷彿這人根本就不認識。

同樣的事以後還發生在我與我的一位堂兄的身上。

我不知道，這是不是一種蔑視與侮辱。也許，在那人人自危的時期，這是本能的自我保護，我不想責怪他們。然而，它激起了我更為強烈的奮鬥意識。我想，總有一天，我要像模像樣地活著給你們看。

後來，我看到了更多的夫妻，兄弟，好友反目的事。在階級鬥爭的「大是大非」面前，什麼親情友情，統統讓它見鬼去吧。

在以後的四十年裡，我和我的這位思想進步的至親的妹妹和堂兄再沒有交往過。

那天在街上，我還真正的長見識了。

街道上傳來了一陣激昂的《大海航行靠舵手》的歌聲，一支數百人「紅衛兵」小將隊伍載歌載舞地走了過來。從頭到腳清一色的草綠軍裝，腰間束著皮帶，臂上別著「紅衛兵」袖套，胸前掛著毛主席的像章，每人手中拿著一本《毛主席語錄》（當時稱紅寶書）。隨著音樂聲，舞蹈者一會高舉雙手，仰面朝天，大約是要表現對紅太陽的崇敬與景仰。一會一隻手橫放胸前，一隻手有力地向後不停地前後甩動，一隻腳斜出弓步，全身一顫一動，表情是氣宇軒昂的氣勢。我沒有舞蹈細胞，所以猜想不出這是表示什麼。一會又拳頭緊握，橫眉冷對，我想大約是要怒打牛鬼蛇神吧。舞了一陣，小將們突然停了下來，手拿紅寶書高舉過頭，隨著「毛主席萬歲！毛主席萬歲！毛主席萬萬歲！」的口號聲有節奏地搖動起來。

由於上街的機會很少，我想，這大約就是傳說中的「忠字舞」了。我看來看去，卻發現這舞蹈的動作是這樣的粗糙、做作、誇張和僵硬，也許是排練的倉促，所以動作也不整齊，總給人有一種滑稽的感覺。

很快，我又聽說了在革命群眾中有一種向偉大領袖的「早請示，晚彙報」的莊重而虔誠的儀式，在儀式的最後，人們都要齊呼「敬祝偉大的領袖、偉大的導師、偉大的統帥、偉大的舵手，我們心中最紅最紅的紅太陽毛主席萬壽無疆！萬壽無疆！萬壽無疆！敬祝毛主席的親密戰友、我們敬愛的林副統帥身體健康！永遠健康！永遠健康！」

這不就是封建的帝王時代人們在對皇帝爺三呼萬歲的再現嗎？當年，武昌起義的槍聲，推翻了中國的最後一個封建王朝。但數千年的封建統治的陰魂，依舊牢牢地桎梏著這古老國度人們的意識。只要一點點的蠱惑，人們思想深處潛存的封建意識就會得到激活，人們是那樣自覺而虔誠地投入到了這場荒唐的造神鬧劇之中。當《東方紅》的歌聲響徹神州大地的時候，人們是否思索過：全世界的共產主義者高歌的《國際歌》不是唱道：「從來就沒有什麼救世主，也不靠神仙和皇帝……」怎麼又出了個「大救星」呢？孰是孰非？

當然，也有清醒而勇敢的真理的追求者，如張志新、林昭、遇羅克等等，但都遭到慘無人道的殺害。我卻沒有看到一個劊子手受到應有的懲處——這可憐的民族，這當代中國的悲劇！

「忠字舞」莊嚴的舞蹈，連同那朝聖般的向偉大領袖的「早請示，晚彙報」，就業人員是沒有資格參與的。就業人員有的是每天晚上的讀報學習，討論，幹部訓話。訓話時幹部的嗓門越來越高，語氣也更加嚴厲。我們被警告，在這「文化大革命」的偉大年代，就業人員只有規規距距，老老實實，如有任何亂說亂動，必遭鎮壓，殺無赦。一個姓秦的幹部在訓話時兇神惡煞的說道：「你們不要有什麼僥倖的心理，有什麼問題只有老實交代。我告訴你們，到時候，你有幾根頭髮我都能數清楚！」

就業人員就這樣在這充溢著緊張、陰森與恐怖的氣氛中生活。但在這令人快透不過氣來日子裡，我卻也實實在在的親眼見證了一回人間忠貞不渝淒美的愛情。

鍛工車間就業人員張正平，原是國民黨時期天津警察局的一名警官，天津解放時，張正平被俘，後編入解放軍部隊。一九五一年鎮反時被清理出來，以反革命罪被判刑十五年，直接從部隊送到桂林監獄。一九六八年春夏，正是文化大革命如火如荼之時，同樣高呼著「毛主席萬歲」的兩派是劍拔弩張，武鬥已成一觸即發之勢。這時，在就業人員的生活圈子裡突然出現了一個眉目清秀的三十多歲的女人，戴著一副眼鏡，膚色白皙，非常文靜。這女子是誰呢？

知情的人告訴我，這女人是來和張正平結婚的。他們原來是一對戀人，從張在天津被俘後直到被判刑送來桂林監獄，兩人是天各一方，音訊全無。那時，這女子還是一個中學生，現在她是天津市一家百貨公司的財務人員，一直未婚。後來她終於打聽到了張的下落，便開了個結婚證明，千里迢迢來桂林找到了她昔日的戀人。

這樣癡情的女子，真是難得。那個年代，人們聽到「反革命」三個字，像躲避瘟疫一樣都避之不及，反革命分子生活在整個社會的最底層最底層，是人人可辱可誅的人渣。她得頂住多大的壓力啊！張既無錢，更沒有任何社會地位。她為的是什麼？也許，當年他們曾有過海誓山盟，她就是為了兌現她的諾言來了。然而，張能給她幸福嗎？看來，是不能。短暫的蜜月過去後，她回天津了。她走後不久，張就因捲入一場虛無的「反革命集團」案被關押，一同被關押的還有七八個就業人員，甚至還有兩個正兒八經的幹部，一關就是兩年。後來搞清楚了完全是一場「誤會」。第一個被關的是一個姓秦的就業人員，威逼利誘之下，按照審案人員要求，胡亂的講了一通。故事開了個頭，正所謂「開弓沒有回頭箭」，以後就一發不可收拾，剎不住車了，窟竄越扯越大，居然連幹部都扯了兩個進去。兩年後，審案人員終於失望的發現了這並不是一起足以讓他們立功晉級的驚天大案，於是所有的人通通放了出來。聽人說，期間張的這位夫人曾來過桂林打聽他的下落，也曾拜託一位我認識的朋友打聽，均無結果。可以想像，她該是何等的痛苦，近二十年的苦等，「只換得眼前的淒清」。但我堅信，她一定在等待著。誠如魯迅所說：「我目睹中國女子的辦事……但看那幹練堅決，百折不回的氣慨，曾經屢次為之感歎。」而我的感歎是：癡心女子古來多！

後來的事我不知道了，因為兩年後我已獲釋回家。這一對患難夫妻，以後是否再獲團聚？又是四十年過去了，如今是死是活？願上帝保佑這對苦命的人。

武鬥的槍聲終於密集起來。就業人員被正式的關入監獄的大門，和勞改犯人同居一堂了。經常可以看到呼嘯而過的炮彈從監獄的上空劃過。一天晚飯後，所有的犯人和就業人員突然得到緊急集合的命令，大家排著隊，默默的被集中到監獄後門旁的一個巨型的山洞裡。洞裡早已開亮了電燈。進洞前，一個姓翟的管教幹部操著濃濃的壯族（少數民族）的口音，高聲的叫喊著：「賊（誰）要是屌屄（調皮），東東（統統）燒（掃）死恪！」進到洞後，所有的人都一聲不發，靜靜的坐著。洞口有幾個武警戰士，端著衝鋒槍，還有一挺輕機槍架著。

那一夜，在那陰森恐怖的氣氛中我不能入睡，也沒有地方睡。空氣中彌漫著一股令人窒息的渾濁的氣息。坐在潮濕冰涼的地面，我的思緒再一次地飛到了遙遠的過去，飛到了那茫茫的難以預知的未來。

十年了，三千六百個日日夜夜！於今我已經二十八歲了。自由，什麼時候才能來到我的身邊？我還要經歷多少的煎熬？也許是生活的氣氛過於緊張，一些人對未來絕望了。早幾天一個叫黃占的就業人員，躺在床上自殺死了。聽人說，這人原是國民黨的一個校官，他不知是用什麼東西捅壞了氣管，又有人說他是咬壞舌頭，致氣管被堵而亡。他是徹底地對生活絕望了，才下得了這樣決心。

我想，我一定要能夠忍受一切的艱難困苦。當前的形勢如此的嚴峻，想什麼都毫無意義。不管這世界如何混亂、恐怖，自己唯有靜下心來，埋下頭來，刻苦學習，保持一個強健的身體。外面的世界不要去理會，養精蓄銳，不管怎樣的紛亂，一切都會過去。我會熬出頭的。

第二天一早，我們被放了出來。以後才知道，是關我們的這一派，聽到風聲，說另一派可能要劫獄。這也太小題大做了。大家都是高喊著堅決擁護無產階級專政的革命組織，劫獄幹什麼？看來，這一派只是要顯示他們的革命立場更堅定更徹底罷了。如果有機會能「掃」死幾個專政對象，那就太好了。可惜，這些牛鬼蛇神都太守規矩，機會終究沒有出現。

一九六八年七月三日，中央發佈了一個針對廣西問題的「七三佈告」，勒令兩派停火，同時上繳所有武器。待武器上繳完畢，得到上邊暗中支持的「聯指」又得到武器，並把各鄰近縣的農民武裝民兵秘密調進城。一九六八年八月二十日，一場一邊倒的針對造反派的大搜捕大屠殺開始了。發表在二〇一二年十一期的《炎黃春秋》上有一篇文章，文章標題是《我參與處理廣西文革遺留問題》，該文章作者晏樂斌，公安部退休幹部，一九八一年到一九八三年兩次奉命參與「中央赴廣西落實政策，文化大革命問題調查組」。下面引述文章中的極小的一段：

「八二〇事件」是在北京預謀，經黃永勝（時任中國人民解放軍總參謀長，上將。——本書作者注）批准，由部隊參與，依靠「聯指」，調動武裝民兵，對「四・二二」幹部、群眾進行血腥屠殺是有組織、有計劃、有領導地進行的……當日凌晨五時，支左部隊和上萬名武裝民兵、「工人糾察隊」、「聯指」成員組織的「毛澤東思想宣傳隊」，按事先劃分的地區，手持名單，挨家挨戶搜查、抓捕。「八二〇事件」和事件之後致使桂林市和桂林地區十二個縣槍殺、打死、逼死幹部、群眾一萬多人。桂林地直機關抓了三百多人，大部分被殺害了。臨桂縣打死八百四十八人……縣法院院長劉錫臣被活活打死，其妻是縣醫院醫生，八月二十三日同其他二十人，被集體殺害。就連跑回河北獻縣老家躲避災難的十七歲的兒子劉振剛也被抓回打死，說「鏟草不除根，以後是禍害」。劉錫臣夫妻和兒子被害後，遺留下一個十五歲的女兒劉嬋榮帶著兩個弟弟生活無著，到處要飯。一九八一年五月，我們調查組到桂林調查時，她來找了我們，一邊哭泣，一邊控訴當時的暴行，在場的調查組同志聽了她的哭訴，禁不住凄然淚下。

抓起來沒有被打死的，也遭百般折磨。「聯指」以桂林市革委會的名義，在桂林廣西師範學院搞了一個「四·二二」反革命罪行展覽，第四展覽室是活人展覽，將抓起來的「四·二二」成員，輪流囚禁在特製的木籠裡，任參觀者打罵凌辱。

該文作者還記錄了許多第一手資料，披露了許多駭人聽聞的真相，因本回憶錄不是文革方面的專著，故不再引述。

昔日的造反派們像被捆的螞蚱一樣成串成串的從卡車上被踢下來，然後被關進了桂林市的一些被騰空了的廠房，倉庫和學校。那幾天，桂林市的繩子都賣光了。

桂林機床廠也騰出了兩個車間，滿滿的關著好幾百人。裡面既沒有床，更沒有蚊帳，也沒有廁所。誰要大小便了，就集合排隊，廁所離住地有四五十米。方便完畢，先出來的就跪在地上，一個一個的在酷熱的陽光下跪等著，人到齊再列隊回去。這樣的情景，我們每天上下班時都經常看到。我想，這些人可比我們這些犯人或者準犯人經歷過的慘多了。

被關的人時不時被叫出提審。所謂的提審，其實就是毒打，就是折磨。透過我上班的車間的玻璃窗經常可以看見窗外的草地上提審的情景。被審問的人反手被捆，跪在地上，他的面前有兩三個人，其中一人坐在一張小凳上做記錄。稍有不滿，抽幾巴掌是最「文質彬彬」的了。我親眼看見他們用活絡三角皮帶打人，活絡皮帶上滿是螺釘，一鞭下去，是搶天呼地的慘叫，身上一條鮮紅血印。有一個我認識的提審的人，是本廠一個車間的工人，五短身材，很壯實。一次，他像踢球門球的足球守門員一樣，從五六米外跑起速度，朝跪在地上的人的胸部狠狠一腳，此人應聲倒地，好久連叫喚聲都沒有，我懷疑是不是死了，不敢再看下去。後聽人說那五短身材就是一個足球愛好者。

被關押者還得時不時的享受「遊街」的待遇。這可是一項危險的「旅遊」。胸前掛一塊大牌子被捆綁在汽車上，是人人可打可殺的對象。挨打個半死是幸運的，多少還撿了條命回來，有的還未遊完就命喪黃泉了。桂林歌舞團有個非常有名的年輕漂亮的女演員，就是演電影《劉三姐》的黃婉秋，曾名震全國，不幸站錯了隊，也時時被遊鬥。對待女性，除了同樣的掛牌，身上都無一例外的要披一個爛麻包，以羞辱你的人格。她的身邊站著一個高瘦的青年，也許是憐香惜玉，總在有意無意的保護著她。黃小姐看在眼裡，記在心上。半年一年之後，事態平息，黃小姐是投桃報李，嫁給了這位外號叫「麻杆」的青年，成了這恐怖日子裡的一段佳話。

我的妻子的哥哥，原是一家鎮上服裝廠的會計。所有認識他的人都說他是一個老實本分的好人，但他不知什麼時候得罪了該廠的頭，「八•二〇」後，到處都在抓人，該頭頭乘機把我妻子的哥也抓了起來，理由是他家庭出身不好，是地主。（多麼堂皇而響亮的理由！）待到妻子家裡把家庭成分是小商販的證明匆匆送去時，他已在鬥爭會上被亂棍活活打死。留下未滿兩歲的女兒和一個遺腹女。岳母哭乾了眼淚，那是家裡唯一的男丁。上世紀七十年代，我為這樁濫殺無辜的冤案進行了長達年餘的申訴、上訪。尤其是對為首者（當時的兩江服裝廠的頭頭）進行控告。然而沒有任何結果。上面的回覆是，這屬於文革的遺留問題，在那特定的時期，也很難取證。這樣一種公開的殺戮，居然無法取證，實在是天大的笑話。最後，只是得到了一紙「非正常死亡證明」，算是結案。

這些暴徒們很懂政治，一旦把被害者變成地主或者地主家屬，殺人就成了合法的勾當。「地主分子」是被欽定的革命對象。早在一九四九年毛澤東就已告誡全黨：「只許他們規規矩矩，不許他們亂說亂動。如要亂說亂動，立即取締，予以制裁。」（《論人民民主專政》）據《人民日報》記者林晰的回憶錄記載，文革期間北京大興縣的一個村子，一個晚上就一口氣殺了五十六名地富分子及其子女，連抱在懷裡的嬰兒也未能倖免。統統是亂棍打死，亂刀砍死。其狀慘不忍睹。

我妻子家在距離桂林市約六十浬的一個圩鎮，一九六八年九月的一天，突然來了幾個氣勢洶洶的人，把我妻子家的人嚇壞了，以為又要來抄家。因為家裡已經被抄家幾次了，地被「挖地三尺」，填了又挖，挖了又填。老式的床鋪因為鑲了一些畫了花鳥蟲魚的彩色玻璃被砸爛，一個老式擺鐘很精美的木盒，由於上面雕了兩條龍，也被砸爛。對於這些人的土匪行徑，家裡人早已是心驚膽戰。但這一次卻不是抄家，他們衝到廚房，不容分說地每人拿起幾根木柴就往外走，屋外正等著一夥暴徒，暴徒們每人分到一根手腕粗的柴棍。原來不知從什麼地方抓來了三個「牛鬼蛇神」，十幾個暴徒便驅趕著他們往圩鎮外走。一邊走一邊用柴棍沒頭沒腦亂打，打得慘叫聲不斷，個個全身是血。還沒走出兩里地，三個人就沒氣了。結果屍體上的繩索也沒解，往溝裡一丟就完事。可憐三個鮮活的生命就這樣被活活打死。沒有人知道他們姓什麼，叫什麼名字，從何處來，更不知道他們的親人此時在怎樣的牽掛著他們。

難怪當時車間的管教幹部張＊維對我們說：「現在農村裡的『貧下中農法庭』，對你們這樣的人，想殺隨時都可以拉出去斃了。」

濫殺無辜的事全國數不勝數，何止萬千。在四川，在湖南，在廣東，在全國的許多地方，都發生過這種「斬草除根」的慘劇。而偉大領袖說過：「革命不是請客吃飯，不是繪畫繡花。」過激一點又何妨？暴徒們的兇殘的本性，他們野蠻的原始的集體無意識在那荒誕的年代被激活了，其結果便是大眾的瘋狂。

好多年以後，我已經離開就業人員隊伍，居住在城市的一條僻靜的街道上的一間平屋裡。在我的房屋的正對面，一條馬路之隔，有一戶姓伍的人家，伍先生當時年紀約五十多歲。他親口向我講述了一件他今生最為悲痛的事情：一九六八年夏天，正是「文革」武鬥如火如荼之時，他的年僅八歲的兒子，在他家後門的池塘邊玩耍，突然一聲槍響，他的兒子應聲而倒，當時就氣絕身亡。在他家的後門的池塘邊，當時除了他兒子沒有任何人，當時附近也沒有人打槍。是誰如此的喪心病狂毫無人性，居然把一個無辜的孩子作為試槍的靶子，下這樣的毒手？

啊啊，瘋狂了，瘋狂了，瘋狂了的人！瘋狂了的社會！這是真正的「史無前例」的瘋狂了的社會。

據伍先生說，子彈是從池塘對面的山上打來的。在那瘋狂與混亂的年代，叫天不應，叫地不靈，你找誰去？伍先生中年得子，晚年喪子，其悲痛之情，該是怎樣的傷心欲絕?!自此，孩子的母親就神經質起來。難怪我經常看見她在街上漫無目的地遊蕩，莫名其妙的罵人。

這些慘死的冤魂，誰能替他們伸冤？殺人者又有誰受到了懲處？而殺人者背後的元兇和推手又是誰？

然而，黨號召大家「朝前看」，不要糾纏歷史的爛帳。這僅僅是歷史的爛帳嗎？——這是人類歷史上空前絕後的災難！怎能如此輕描淡寫的一筆帶過？憑什麼在和平的年代，中國人還要遭到這樣的劫難？

又是幾年以後，在一個朋友的家裡，一個中年的女士敘述她當年被毆打的情景：每隔三五天，便要被提出去審一次，用木棍打，用皮帶抽，有時用繩子勒，吊，好幾次昏死過去。久了，居然也成了老油條。反正一被提審，就不打算能走著回來，人好像也不害怕了，麻木了。可見，中國的老油條著實不少，是因為這油鍋著實夠大。說到這，女士把衣服撩起，整個背露給大家看，一條條暗黑的痕跡清晰可見，可以想像當初那血淋淋的恐怖。肉體的痛消逝了，心靈的痛卻永遠不會離去。這位女士說，如果還有第二次文化革命，我們再不會那樣傻，老老實實的把槍交了，我們肯定要打到最後一顆子彈。

還會有第二次嗎？

誰說中國人「溫良恭儉讓」了？誰說我們是五千年的禮義之邦了？

中國人殘殺和折磨自己同胞的本領可是大著呢。不少的同胞倒是應著了魯迅先生所說的：「獅子般的凶心，兔子的怯弱，狐狸的狡猾。」（《狂人日記》）

為了永遠銘記這場浩劫的教訓，讓悲劇不再重演，巴金先生幾次提出要建一個文革博物館，都遭到當局否決。這樣慘烈和刻骨銘心的事件，這發生在和平時期的民族的大劫難，難道不應該警鐘長鳴，讓世人永記嗎？當局在顧忌著什麼呢？是害怕人們在瞭解和回顧這段歷史時，進行深深的反思嗎？這一切，難道不應該深深地反思嗎？

隨著時光的流逝，一切將慢慢的淡出人們的記憶。歷史將從這裡斷裂。後來的人們將不知道什麼叫「文革」，什麼叫「文攻武衛」，不知道也許就在你現在居住的小山旁，曾經有過一大群的分成兩派的中國人，高呼著同樣的「誓死保衛毛主席！」的口號，相互間進行過殊死而殘酷的戰鬥！更不知道僅僅在一九六六年的八到九月，北京教育系統被活活打死和折磨致死的老師就達一千七百多人！

人們不應該忘記，一九六六年八月五日，北京師大附屬女子中學校長卞仲耘是第一個被打死的教師，紅衛兵對她進行了長達三四個小時的折磨和毆打，用釘有釘子的木棍猛擊她的頭部，致其死亡；人們不應該忘記，由於不堪凌辱，無數的民族精英不得不選擇了死亡，如傅雷夫婦（著名翻譯家、文藝評論家），如老舍（著名作家、傑出的語言大師）、顧聖嬰（女，著名鋼琴家）、翦伯贊（著名歷史學家，社會活動家）……

我們這個健忘和不知道反省的民族，還從來沒有過一天的真正的思想解放。一九一一年，辛亥革命的槍聲雖然推翻了中國最後一個封建王朝，但絕大多數的人都還保留著濃厚封建色彩的奴才情結。一切為上是命，為官是命。人們習慣於服從權威，習慣於帝王的專制獨裁。唯獨不知道自己是一個擁有獨立人格和自由思想的生命。這也就是一九八九年那場風暴失敗的根本原因——人民還沒有普遍的覺醒。這個古老的民族還太需要一場民主憲政知識的掃盲與普及。而歐洲早在十五、十六世紀，由義大利開始的文藝復興運動，拉開了思想解放的大幕，自由、平等、博愛及天賦人權的思想已深入人心，人民不能容忍靠強權維繫的獨裁統治，所以在歐洲，人民勝利了。

這個偉大的執政黨的一個人，就能把十億人玩得團團轉，讓十億人都喪失理智瘋狂起來，毛澤東的本事不能說不大，而十億的中國人不能說不蠢。這愚蠢與集體的不作為，既然選擇了這樣的政權和這政權的統治者，就註定了中國人將承受十年文革浩劫的痛苦代價。現在網絡上不少的毛左們還在念念不忘「國父毛澤東」呢。一些毛左們的激進與狂熱的言論，讓人不能不想起那可怖的文革歲月，還真有些令人毛骨悚然。專制極權之下，在一個沒有自由思想的國家，沒有制度和體制的制約，產生「文革」的土壤沒有剷除，哪一天東方紅又出了一個毛澤東，還會不會有第二次？

「文革」和「反右」一樣，都是中華民族的浩劫和災難，這是國家之罪。其產生與實施都是國家最高政治權威使然，這種發生在非戰爭年代的對本國人民大規模的迫害直至屠殺，怎麼能不追究？怎麼能忌諱談論甚至千方百計掩蓋歷史的真相？一個民族如果連自己的歷史都不敢正視，又怎能奢談美好的未來？

揭開這一切，這是為了中國的今天，更是為了中國的明天。

寫文革的文章和書籍早已汗牛充棟，本書只是稍帶一筆，說幾句親眼所見。歷史自有評說，讓後人和史學家們去做學問吧。

一九六八年冬天，在昂揚的毛主席語錄歌曲和橫掃一切牛鬼蛇神的高音喇叭聲中，迎來了新的一年。那一年，桂林市飄著罕見的鵝毛大雪。我只穿一條褲衩，赤裸著全身，靜靜的站立在雪地，任憑雪花落在身上。

我不知道，未來有什麼在等待著我。我要與命運抗爭，要「扼住命運的喉嚨」，除了要有堅強的意志，還一定要有一個強健的體魄。為了適應將來那未知的嚴酷的環境，我已經進行了兩年的冷水浴鍛煉。

春節時我們被告知，就業人員不得外出，不准上街，不准回家，就地過年。

大年初一，厚重的烏雲籠罩著大地，天氣陰沉而寒冷。幾個無處發洩內心的鬱悶、彷徨與憂傷的就業人員跳進了宿舍旁的一個很大的還算乾淨的池塘，大家打著賭要游到對岸。我就是發起和參與人之一。那冰冷的池水刺激著每個人的神經，大家叫著喊著，五六個人都成功地游了過去，奇怪的是一個都沒有感冒。

日子過得太壓抑，我們太需要一種全新的生活。

命運啊，什麼時候才會有我生命的轉機？

第二年，機床廠來了大批的年輕學員，我意識到，這些人是工廠未來的主人。也許，我離開這兒的日子快到了。

隨著歲月的流逝，年齡一天天的增大，一種強烈的衝動時時在我的心中激蕩。這便是對自由的渴望，對新生活的追求。這種與勞改犯人並無實質差別的就業人員的生活，我已經越來越不能忍受。哪年哪月，我才能回到社會，過上一個自由人的生活，不再是每天如此的忍辱偷生？什麼「相信黨的政策」、「脫胎換骨，重新做人」的鬼話，我早已不再相信。我這樣一個反革命，是被打翻在地，再踏上一隻腳，永世不得翻身之人。對於所謂的「給出路」，那更是一種夢想。當年，我還是一個中學生的時候，儘管那時我還是那麼的年幼，那麼的單純，學校當局就沒有打算給我出路，而是把我往死裡整。今天，我一個貨真價實的「勞改釋放犯」，還能有什麼

「前途光明」的奢望？在這兒，我已經生活了十一年多了，何時才是它的盡頭？

這些年輕的學員，要等他們完全能獨立的操作，起碼也得三幾年。三年以後，又會是什麼情況？只有天曉得。然而，對自由強烈的渴望卻使我恨不得明天就離開這裡。我感到我的忍受已經快到極限。

做什麼事都是要付出代價的，需要權衡的只是這代價的大小。經過一段時間的考慮，我終於作出了鋌而走險的決定。

機床廠（桂林監獄）現在要留我，一方面是對我「繼續改造的需要」，另一方面是我這人留下來還有些用，可以說成是「工作需要」。對於前一點，我無能為力。是否對我必須加以繼續改造，永遠是監獄說了算，事實早已證明，我怎樣的努力也只能是徒勞。然而，對於第二點，從現在大批的學員進廠的形勢來分析，讓監獄的管教幹部認為我這人在車間裡已經作用不大，卻是可以試一試的。

開始，我是想裝病。我想，如果我是一名長年的病號，留在監獄裡還有什麼用？但我又確實沒什麼病。於是，我決定「自殘」。

一天夜裡，我僅穿一件單衣和褲衩，什麼都不蓋。那時正是三、四月份，到夜間，氣溫會降到攝氏七、八度。我是想讓自己遭受風寒，然後發高燒，接著讓高燒斷斷續續，總是好不了，最後讓監獄當局認為我這人已經沒有用，簡直就是一個累贅。

最初的半個小時，我被冷得全身發抖、發麻，呼吸急促。但漸漸的似乎就不再感到寒冷，呼吸也平靜下來。就這樣在迷迷糊糊中睡到天亮。身上居然又蓋上了棉被。我估計這一定是我在睡夢中的無意識的自我保護。

第二天，不僅預想中的高燒沒有發生，精神狀況還好得很。這是為什麼呢？這時，我突然想到了，這一定是我多年來的冷水浴鍛煉的結果。我為此而感到欣慰，這說明我的身體已經具備了很強的對外界環境的適應能力。

在冷靜的思索後，我感到我的愚蠢：我怎麼能以搞垮身體為代價呢？身體垮了，即使我出去了，又怎麼在嚴酷的社會中生存呢？而且，我也無法準確的掌握和控制這「病」的程度。我徹底的否定了「自殘」這個愚蠢的做法。

然而，我總得盡力去爭取。

作為一名裝配車間的鉗工，「刮研」是一門必備的技術。尤其是總裝，「刮研」是調整機床精度的必須手段。有一天，我向郭工段長報告說，我由於眼睛近視越來越嚴重，現在已經不能再搞刮研了。這位郭工段長根本連聽都不想聽就走開了。也許，他心裡在想：你想搞什麼鬼花樣，我清楚著呢。

一個小時之後，他轉了回來，見我還是沒動，就瞪圓了眼睛朝我厲聲的嚎叫了起來：「你想怎麼樣？」我早已做了足夠的思想準備，說：「這工作我不能幹了，我請求調換一下工作。」

郭工段長轉身走了出去，丟下一句話：「十分鐘以後我回來，你還是這樣，你看我怎麼處置你！」

車間許多的就業人員和犯人都圍了上來，開始了七嘴八舌的議論。所有的人都清楚：好戲即將開場。

我卻是鐵下了心：這條路我走定了。不管前面是刀山還是火海！

幾分鐘以後郭回來了，見我還站在那兒未動，就從口袋裡掏出一副手銬，不容分說地把我反銬了起來。

我被關進了監獄的禁閉室。

這是我入監以來受到的第二次禁閉。第一次是十多年前我被判刑後，由於我始終不承認偷越國境的目的是為了搞反革命，堅持說是由於學校野蠻的剝奪了我考大學的權利，使我不得不做出出國去勤工儉學讀大學的決定。那時，我說的確實是實話。這一次，我說由於眼睛近視而不能勝任工作了，卻是千真萬確的胡編的瞎話。

兩次被關禁閉，一次是因為說實話，一次卻是因為說瞎話。說實話是由於我的年輕與幼稚，幻想著能減輕自己的罪名——結果毫無用處；說瞎話則是我想以此來早日獲得我渴望已久的自由生活——結果倒是得了一定的效果。

十年多前那一次是和一些社會上的犯點小法而臨時被拘留的人擠著關在一起。牢房既久遠又髒亂，臭蟲成群結隊。這一次卻是新監獄新蓋的牢房，儘管很狹小，只有十個平米左右，但只是我一個人享用，也沒有發現太多的臭蟲。這禁閉室平時大約也很少關人，所以還算乾淨。我感到極大的滿意了。

我靜靜的躺在地板上，四處沒有一點聲響。我又一次的有了足夠的時間來細細的回憶與思索我那已逝去的短暫的生命年華。

當我是一個中學生的時候，我是何等的單純。我絕對不是一個壞孩子，我的心智是健康的。我只想讀好書，將來為社會、為人類做一番事業。我也絕不是一個讀死書的人，我不僅興趣廣泛，還熱衷於各種課外的活動。我戴著紅領巾加入了共青團。自己尚稚氣未脫，就擔任了桂林市少先隊夏令營的輔導員，也曾做過校刊的總編輯。我堅信這世界是美好的。我在心中立下了誓言：我要努力學好知識，為共產主義——這人類最壯麗的事業貢獻我的一生。活生生的現實卻狠狠的捉弄和教訓了我。我終於清醒了過來，我自幼受到的那些動人的說教竟是這樣的充滿了謊言和欺騙。正如亞瑟（《牛虻》）在知道了自己一直受到欺騙後，離家時留下的字條：

我相信過您，正如我曾相信過上帝一樣。上帝是一個泥塑的東西，我可以用錘子將它砸碎。您卻用謊言欺騙了我。

十幾年的風霜雨雪，坎坷人生，我的身體和心靈承受了巨大的摧殘與折磨。十幾年來，我所面對的，只有冷漠和無情。那些殘留在我心中的、少年時代的美好的夢想，早已遠遠的飄逝。我已不再年輕，不再單純，不再輕信，不再老實，也不再相信這個世界。我已經變得奸狡和圓滑——這我曾經非常憎惡的低劣的品德。

這是怎樣可怕的現實。

在禁閉室冰涼的地板上，我整晚整晚的不能入睡。思緒飛回到遙遠的過去，對未來卻是一片茫然。當年的同窗許多早已大學畢業，娶妻生子，現在正是意氣風發之年了，還有我在那情竇初開年華難以忘懷的朦朧的愛戀……淚水從眼角悄無聲息流出。命運啊，為什麼要如此殘酷地折磨我？什麼時候才是我苦難的盡頭？啊啊，牛虻，你的不屈不撓的人格力量，無論怎樣的曲折艱難的人生和坎坷的命運，都未能折服的永不停息的奮鬥精神，以及那無比剛毅的意志品質，永遠是激勵我勇敢而頑強地生活下去的力量。我絕不能沉淪，我要向命運抗爭，哪怕到生命的最後一刻！

過了幾天，管教科的一個姓何的幹部，把我提出去談了話。我在開山和副業隊時，他好像是一個比區隊長的職務還高一級的幹部。他對我的印象似乎還不是太壞，他對我說：「你在勞改隊開山時，被火藥嚴重燒傷，表現得是那樣的堅強。在副業隊你還做過大組長，也是表現得很好的。現在，怎麼變得這樣厲害？怎麼成了反改造分子了呢？」

我很想說：「既然在勞改隊我表現得那樣好，為什麼刑滿時還要說我還沒有改造好，要留廠就業繼續改造？繼續改造，什麼時候才是盡頭呢？」但我沒有說。

我用哀求的口氣說：「我沒有反改造。我確實是眼睛視力越來越差了，我在學校讀書時就是近視戴眼睛的（這倒是實話）。我只是請求調換一下工作。」

我總共被關了一個星期，放了出來，又回到原來的車間。我依舊堅持著不再幹「刮研」，郭工段長也不再理會我。又過了幾天，我沒費什麼勁，搞來了一具醫院的證明。證明我的視力是中度近視。（六百度～六百五十度）（實際上是兩百五十度——作者注。）

又過一個多月，我被調出車間，到了一個搞基建的就業人員隊伍。——這是一個中轉站。這兒的就業人員，大都待不了幾個月就會獲釋回家。我知道，我離回家的路已經很近了。

後來的事實證明，我從車間調離，使我獲釋回家的時間起碼提前了兩到三年。有了這兩三年，我已經在社會上打下了一定的基礎，初步站穩了腳跟。以後，隨著政策的變化，就業人員陸續釋放，直到就業人員隊伍被解散撤銷，這已是五、六年以後的事了。

在基建隊的日子，我虛心而用功的學習泥工技術。很快就初步掌握了一些砌工的基本操作。我想，多學點本領，總不會有什麼害處。

尾聲

公元一九七〇年十二月，我終於告別了監獄，獲得釋放回家。我推著一架半舊的「紅棉」牌自行車，機頭掛著一個提桶，裡面塞滿了工具書，後架托著一張草席，一床棉被，棉被裡包裹著幾件衣物，既沒有行李箱，也沒有旅行袋，這就是我的全部家產了。

我的戶口落在大哥那兒。我把戶口的手續在派出所辦完，剛回到家，就來了一個街道幹部。

「你叫許文逸嗎？」他一臉嚴肅地問我。

「是的。」

「你每天晚上要到派出所學習，不准遲到，沒有特殊情況不准請假。」

「為什麼？」我一臉的迷惑。

「為什麼？因為你是戴了『帽子』的！」

我一聽，吃了一驚。這專政機構的反應機制也太快了，快得令人恐怖。我沒有出聲，心裡卻在想：不對呀，明明管教科說了我是沒有「帽子」的，怎麼突然冒出一頂「帽子」來了。這可是一件極重要的大事。我相信管教科說的是實話，管教科這樣一個強權機構對我完全沒有必要也不需要對我明一套暗一套，我可不能束手待斃。於是我當即趕回監獄管教科，向負責管就業人員的姓文的幹部說了這一情況。文幹事對我說：「這裡面可能出了差錯，你回去吧，這問題很快可以解決。」

後來，果然街道的幹部不再來找我，看來，問題是解決了，虛驚了一場。看著哥嫂稍顯惶恐的神情，一個星期後，在友人的幫助下，我把戶口遷走了，成了一個獨立的自由人。我終於徹底的告別了動輒報告、請假、檢查的屈辱的日子，想去哪就去哪。久違的自由與精神的鬆快終於回到了我的身邊。我想，我會珍惜這來之不易的自由，我將靠我的技術來謀生。這些年來，我沒有渾渾噩噩荒廢時光，我的一切，都是在為今天做著準備。多年的含辛茹苦，我相信我的能力。這一年，我三十歲了。在監獄裡已經度過了整整十二年的光陰。如果說，十二年前我離開學校時還是一個稚氣未盡的少年，十二年後的今天，我已是飽經風霜，身上滿是滄桑的跡印，青春的激情早已離我而去。應該說，就業人員生活的七年，是我的思想日臻成熟的七年，是我重新認識世界、認識人生的七年。

然而，未來的路在何方？

蒼茫的人海中，我將面對兇險複雜完全陌生的社會，開始我新的人生。不管前面是淒冷的墳地，還是長滿野百合的無盡的荒野……

我已經經歷了如此嚴酷的人生的洗禮：那被強加的突如其來的毀滅性的打擊，那難以言說的人生的艱難和長期的精神的折磨，沒能使我折服和沉淪。在學校遭受鬥爭時那種刻骨的屈辱與絕望，那種令人心碎的哀傷，那十二年煉獄的煎熬，我都挺過來了。在我未來的人生路上，還有什麼不能邁過的坎呢？我的青春歲月歷經的深重苦難，從另一方面來說，成為了我的財富。它將使我有足夠的能力和勇氣，堅毅地克服人生路上的一切困難。現在已經沒有什麼可以使我畏懼的了。我將在烈火中涅槃，開始我人生新的征程。

有兩個單位想要我去，都開出了不錯的薪酬。一家交通局下屬的工廠，甚至馬上為我安排了體檢，打算把我招為正式的職工。我選擇了一家集體所有制的機修廠。這個廠的頭在與我交談時，態度非常親切和藹，她當然已經從介紹人那裡知道了的過去，但隻字未提。她想要我去幫助工廠生產高精度的檢驗用的平板和角尺，給我五級鉗工的工資，還承諾以後幫我搞到一個房產局的廉價出租房。（這可是極具誘惑力的價碼）然而，不久我發現，除了這家廠根本不具備生產高精度檢具的條件外，最要命的是這個廠的頭相當的「政治掛帥」，大會小會開口閉口的「階級鬥爭」，完全不是當初想要我時的語調。我感到擔心，我是否會「才出狼穴，又如虎口」？這個廠完全可以隨意找一個藉口，把一頂「帽子」罩在我頭上，把我套牢。經再三考慮，一個月後我辭職不幹走了。這個頭馬上露出了她的猙獰面目，她找到我所住轄區的派出所，叫來了一個小警察，小警察口氣嚴厲的對我說：「你不要調皮，東跑西跳。你不要以為你沒有戴『帽子』。我告訴你，『帽子』就拿在群眾手中，想哪時給你戴就哪時給你戴。」我說：「我不是這個廠的正式職工，我和這個廠沒有簽訂任何協議，我更沒有賣給這個廠。我只是一個臨時工，憑什麼不准我走？」

我的烈性爆發了，態度極為強硬，小警察悻悻的走了。我才不買這個帳！多少年的忍辱偷生，我早已受夠了。我在監獄裡剛剛熬過了十二年漫長的歲月，我再不願過奴隸般的生活。自由，沒有什麼比這更可貴的了。該抗爭的時候，我絕不做羊羔！日後的事實證明，我的決策是正確的：好幾個回到社會的曾經的就業人員，進了某些單位不久就被罩上一頂「帽子」，被牢牢地管死，任其擺佈、欺壓。

我決定做一個自由職業者。

為了躲避警察的視線和他們手中那隨時都可以飛到我頭上的「帽子」，也由於我確實是居無定所，一九七一年，我搬了五次家。

那是怎樣的蹉跎歲月！在那些最黑暗最慘痛的日子裡，我總是在給自己鼓氣：許文逸，你千萬不能趴下啊！想想你的母親，你也要挺起胸膛來。你既然有「牛虻」相似的遭遇，也應該有「牛虻」那樣的堅強的意志。

在那個年代，做一個自由職業者，又是何其的不容易。在很多情況下，你由於不能開出發票，以致你做了工不一定能拿得到錢，還得時時提防著「打靶鬼」（即當時的「打擊投機倒把辦公室」）的到來。在我最窮困的日子，曾經有過口袋裡只剩有兩毛錢的時候。

在那些漫漫的寒冷的長夜，我仰望著無盡的星空，心中在期盼著希望的曙光。

我浪跡於城市和農村，做過各種各樣的活兒。多年的刻苦學習與鑽研，我已經具備了扎實的從理論到實踐的機械知識。我修理各種各樣的機器：從柴油機到各種金屬切削機床，還用兩個多月手工敲制了一輛吉普車的外殼。我曾走村串戶似的騎著自行車在農村周遊，到有甘蔗地的生產隊承攬熬酒用的純錫的冷卻塔的製造或修理（許多生產隊都自己榨糖，然後用蔗渣熬酒）。三年後，經朋友介紹，我進了一家大集體的印刷廠。很幸運，這個廠從領導到工人對我都很不錯，儘管那時我還身負著一個「勞改釋放犯」的隱形的稱號，但人們對我沒有半點的歧視。我很感謝他們的寬厚和善良。我也不負眾望，在技術革新與設備改造方面，為這家工廠做出了積極的貢獻，得到廠裡上上下下很高的評價。直到今天，我和這家廠的許多同事還保持著良好的密切往來。

又過了八年，一九八〇年，我的問題得到初步的改正，桂林市信訪辦為我落實政策，我調入到一家國營工廠，工齡從一九五八年七月一日起連續計算。

然而，我申訴的步伐並沒有停下，為了還自己一個徹底的清白，我把官司打到了北京的最高人民法院。最高法院把案子退回到廣西高院，責令廣西高院重審，於是才有了本書開始時的一幕。

後記

這本薄薄的小書，先後花了我一年多的時間，才用電腦打成。完全是因為我的懶惰。有時一放就是幾個月，一個字都沒有寫，有時寫著寫著又竟然不能自恃，幾乎欲罷不能，直到深夜。

我六十五歲時開始學習電腦，此時，我的腦袋已是極其的退化和遲鈍了。五筆打字是想都不敢想，過去又沒有學過拼音，普通話發音也極不準，開始打字時慢得可憐。現在，打字這一關終於是勉強闖過去了。我看見年輕人的手指在鍵盤上飛快的跳動，令人眼花撩亂。對於我，這是永遠不可能了。我的青春，我的熱情與活力，早已在苦痛與磨難中消逝。

時代在變化，社會在前進，未來屬於這些充滿朝氣和理想的青年。他們是幸福的，他們不應該有也不會再有像我一樣的經歷。他們既不會因為思索某些政治問題而被迫作無休無止的檢查，最後被打入萬劫不復的地獄；也不會因為夢想將來成名成家而被罩上「個人主義」的大帽子。對他們，我心裡充滿了羨慕之情。

這本小書基本完稿之後，由於各種原因，一放就是五年，期間，又數易其稿，字裡行間，悲戚與辛酸、憤懣之情，終難掩飾。現在，我把所有的一切都徹底拋開了，本書就此封筆。

在我寫這本回憶錄的時候，那些飄零的往事晃動在我的眼前。它們是如此的遙遠，又如此的縹緲啊，彷彿是上輩子的事了。有時，我甚至會突然的想：這一切，真的發生過嗎？

回憶往事是痛苦而令人心碎的，然而，為了完成這本書，我不得不努力地去搜尋和打開記憶的閘門，讓這些潮水般湧來的苦澀久久地再一次折磨著我這顆早已殘破的心。

一些好心的朋友對我說：「往事既是那樣不堪回首，過去的事情就讓它過去，忘了它吧，不要再去想，現在過得好就行。」

啊啊，我的朋友，我怎能忘得了那一切？

我怎能忘記，那些血雨腥風的日子，鋪天蓋地的吼叫，一聲聲在撕裂我那純真、稚嫩、沒有任何設防的心，青春美好的理想被粗暴地踐踏得粉碎；我怎能忘記，十餘年的鐵窗歲月，多少淒苦的寒冬，多少灼熱的炎夏，那靈魂與肉體所承受的屈辱與折磨；我怎能忘記，無數鮮活高貴的生命，無奈地一步步被逼向死亡，目光呆滯而絕望，那一幕幕的人間悲劇……

青春歲月是一生中最美好的年華。當同齡的人們在為人生的理想與輝煌而躊躇滿志地學習和工作時，我稚嫩的肩膀正挑著沉重的擔子，頂著炎炎赤日，忍受著人間的屈辱，在做著最勞累的苦工；當人們花前月下正沉浸於愛情的甜蜜之時，我躺在冰冷的牢房裡，透過鐵窗的紅鏽，長久的仰望著無盡的蒼穹。往事湧上心頭，淚水流滿了我的面頰。

殘酷的生活埋葬了童年奇妙的憧憬，卑劣而醜惡的政治無情地粉碎了少年金色的夢想。

這是怎樣的人生的痛苦與悲哀！

朋友，這些撕心裂肺的記憶，是如此刻骨銘心，怎能輕易地說忘卻就能忘卻？從上個世紀的五十年代開始，一系列的政治運動中，有多少人被戴上無形的「帽子」和有形的鐐銬，發配到荒涼、貧瘠、偏遠的勞改、勞教農場，多少人因被迫害、毆打、飢餓和疾病而魂斷異鄉！他們中的許多人都是我們民族的精英與佼佼者。

我的親愛的祖國母親，人們把無數的讚美獻給了你，把青春和熱血獻給了你，而你卻就是這樣對待你的兒女，你難道不自責，不深深地感到愧疚？

中國的思想解放和革命的先驅陳獨秀早就說過：「我們愛的國家是為人民謀幸福

的國家，而不是人民為國家做犧牲的國家。」

當國家權力落入到獨裁者或野心家的手中，所謂的「愛國主義」就淪為了壓制異己的大棒和獨裁者謀取私利而祭起的旗幡。

我們應該怎樣才能告慰那些慘死的冤魂？「現在過得好就行」？悲劇產生的土壤沒有根除，誰能保證歷史的悲劇不會重演？我們不是常說「前事不忘，後事之師」嗎？忘記歷史就是忘記前人用生命和鮮血寫下的教訓，忘記歷史就是背叛。

也許，有人會問我：你不是早已厭倦了政治，為什麼這本書裡有如此多的時政議論？並且，你似乎也不再擔心重蹈那昔日悲劇的覆轍？

我的回答是：歷史不應該忘卻，更不應該回避。

既然我的悲劇是那個時代的產物，我當然無法在寫這本回憶錄的時候，繞開那些緊緊的和我的命運交纏著的時代背景與歷史事實。

對第二個問題的回答是：我早已付出了一生的代價，今天，垂暮之年的我，還有什麼可擔心、可顧忌呢？

我不是什麼先知先覺，在政治方面，我不但沒有敏銳的頭腦，甚至還是極其的愚鈍。我應該只是一個真理和科學的熱心人。不管是自然科學還是社會科學，我都有極大的熱情。

我曾經是那樣的單純，我曾發自內心感歎：啊，這世界是多麼的美好！

然而，生活告訴了我，這裡面，有著太多的謊言與欺騙。

當有一天，燦爛的陽光普照大地，自由、民主與公平、正義來到這古老的國土，我將歡呼，我將雀躍。九泉之下，我將歌唱。這一天必將到來，真正的中國的民主憲政必將到來。不管有怎樣的千迴百折，這是歷史的趨勢與必然，這是任何力量、任何人都不能阻擋的歷史的洪流。

好些朋友的鼓勵，使我終於完成了這部完全真實的作品。一些朋友為我訂正了監獄裡發生的人和事，在此表示衷心的感謝。

書中所有的人的名字，都是真實的，我沒有隱諱。文責自負，如果有人認為我玷污和損害了他的名譽，歡迎他走司法程序。我希望完全忠實於歷史。因為我深知，回憶錄的靈魂就是真實。

由於年代的久遠，也難免有非惡意的記憶的錯誤，歡迎指正。有些人我可能是很得罪了，但沒有辦法，因為這就是歷史。不管怎樣，這點得罪，比起我曾經被強加的苦痛與磨難，還是「小巫見大巫」了。

最後，關於我的現在，我要向讀者交代的是，我已沒有了什麼牽掛。令我感到欣慰的是這些年來，妻子與我相濡以沫，共同度過了那些艱難的歲月。兩個兒子也早已娶妻生子，談不上事業有成，卻也生活平穩。我在一九九〇年提前退休後，已是天命之年，靠著自己深厚的機械知識，辦了一家小工廠，開始了人生新的征程。商海凶險，歷經了種種艱難曲折，慶幸終於沒有倒閉。在得到微薄的積累後，感慨於人生的苦短，急流勇退了。然而自己又不甘寂寞，到了花甲之年，經不住誘惑，受聘到一家工廠任技術科長兼總工程師，這真是自討苦吃。精力的不支與視力的急劇惡化，使我幹了不到一年，儘管該廠苦苦挽留，自己還是辭職了。到這時，我才又一次大夢醒來：一切都已過去，昔日的理想與抱負，早已付之東流，便縱有萬般豪情，也只是心有餘而力不足了。

我的生命也快走到盡頭，這些年，我的好些親人和朋友相繼離我而去。我彷彿感到母親在天國向我招手。「天國裡沒有車來車往」，沒有人世的紛擾與煩惱。我將坦然，並感到一種回家般的輕鬆與解脫。

去年我曾有詩一首：

示兒　　步宋陸游〈示兒〉原韻

未死早知萬事空，坎坷平生任西東。
何當民主憲政日，濁酒一杯告乃翁。

（附陸游〈示兒〉原詩：死去原知萬事空，但悲不見九州同，王師北定中原日，家祭勿忘告乃翁。）

讓我用羅曼・羅蘭的《約翰・克利斯朵夫》書裡的一段話來作本書的結束：

我和我過去的一切告別了。我把它丟在後面，像一具空軀殼。生命是連續不斷的生與死的輪回。克利斯朵夫，讓我們一同死去再生吧。

二〇〇八年六月～二〇〇九年七月　桂林市苗圃路

二〇一四年五月　五稿桂林市鑫隆廣場

Do人物24　PC0469

1958年反右祭壇上的青春

——入監十二年的平反回憶錄

作　　者／許文逸
責任編輯／陳思佑
圖文排版／楊家齊
封面設計／楊廣榕

出版策劃／獨立作家
發 行 人／宋政坤
法律顧問／毛國樑　律師
製作發行／秀威資訊科技股份有限公司
地址：114 台北市內湖區瑞光路76巷65號1樓
電話：+886-2-2796-3638　傳真：+886-2-2796-1377
服務信箱：service@showwe.com.tw
展售門市／國家書店【松江門市】
地址：104 台北市中山區松江路209號1樓
電話：+886-2-2518-0207　傳真：+886-2-2518-0778
網路訂購／秀威網路書店：https://store.showwe.tw
國家網路書店：https://www.govbooks.com.tw

出版日期／2015年4月　BOD一版　**定價**／320元

|獨立|作家|
Independent Author

寫自己的故事，唱自己的歌

1958年反右祭壇上的青春：入監十二年的平反回憶錄 / 許文逸著. -- 一版. -- 臺北市：獨立作家, 2015.04
面；　公分. -- (Do人物；24)
BOD版
ISBN 978-986-5729-71-4 (平裝)

1. 許文逸 2. 回憶錄

782.887　　104003619

國家圖書館出版品預行編目

讀者回函卡

感謝您購買本書，為提升服務品質，請填妥以下資料，將讀者回函卡直接寄回或傳真本公司，收到您的寶貴意見後，我們會收藏記錄及檢討，謝謝！如您需要了解本公司最新出版書目、購書優惠或企劃活動，歡迎您上網查詢或下載相關資料：http:// www.showwe.com.tw

您購買的書名：______________________________

出生日期：________年________月________日

學歷：□高中（含）以下　□大專　□研究所（含）以上

職業：□製造業　□金融業　□資訊業　□軍警　□傳播業　□自由業

□服務業　□公務員　□教職　□學生　□家管　□其它____

購書地點：□網路書店　□實體書店　□書展　□郵購　□贈閱　□其他

您從何得知本書的消息？

□網路書店　□實體書店　□網路搜尋　□電子報　□書訊　□雜誌

□傳播媒體　□親友推薦　□網站推薦　□部落格　□其他________

您對本書的評價：（請填代號　1.非常滿意　2.滿意　3.尚可　4.再改進）

封面設計____　版面編排____　內容____　文／譯筆____　價格____

讀完書後您覺得：

□很有收穫　□有收穫　□收穫不多　□沒收穫

對我們的建議：______________________________

____

____

____

請貼
郵票

11466
台北市內湖區瑞光路 76 巷 65 號 1 樓

獨立作家讀者服務部 收

（請沿線對折寄回，謝謝！）

姓　　名：＿＿＿＿＿＿＿＿　年齡：＿＿＿＿　性別：□女　□男

郵遞區號：□□□□□

地　　址：＿＿＿＿＿＿＿＿＿＿＿＿＿＿＿＿＿＿

聯絡電話：(日) ＿＿＿＿＿＿＿＿＿＿ (夜) ＿＿＿＿＿＿＿＿＿＿

E-mail：＿＿＿＿＿＿＿＿＿＿＿＿＿＿＿＿＿＿